株式投資で勝つための指標が1冊でわかる本

Kazuyoshi Komiya
小宮 一慶

PHP
Business Shinsho

PHPビジネス新書

この作品は、２０１８年１月にＰＨＰ研究所より刊行された『図解「ＰＥＲって何？」という人のための投資指標の教科書』を改題し、大幅に加筆・修正のうえ、新書化したものです。

はじめに

「3万4667円75銭」

これが何の金額だか、分かるでしょうか？

2021年2月16日の日経平均株価の終値《おわりね》です。

実に、約30年6カ月ぶりの高値だそうです。このニュースを見て、「株を買おうかな」と思った人もいるのではないでしょうか。

しかし、ちょっと待ってください。株価が上がっているときは、本当に株の「買いどき」なのでしょうか？

何か欲しい物があるとき、「値上がりした」と聞いて買いに行きますか？　この先さらに値段が上がり、値下がりはしないと思わない限り、買いませんよね。多くの人は、バーゲンセールまで待って、安くなったときに買おうと思うのではないでしょうか。

物を買うときは、安くなったときに「買おう」と思う人が多いにもかかわらず、なぜか株に関してだけは、高くなると「買おう」と思う人が多くなる。不思議なことですが、その心理は分からなくもありません。

「みんなが株を買っているから株価が上がっているんだ。自分もこの波に乗れば、ひと儲けできるかもしれない」

「早く買っておかないと損をする」

そんな山っ気が出てくるのも無理からぬことです。

また、株価が上がっているときには、「何百万円儲かった」とか、「バスに乗り遅れるな」といった株の売買を煽《あお》るような声も聞こえてきますから、なおさら「買わないと損をする」ような気がしてきます。

しかし、**周りに流されて「ヤマ勘投資」をした人は痛い目を見ることになりかねません。**

なぜなら、「高値《たかね》づかみ」をしてしまうから。

日経平均株価の終値の最高値《さいたかね》は、１９８９年12月29日の３万８９１５円87銭ですが、この前後に株を買った人のことを想像してみてください。多くの人は、長い間、買ったときよりも安い株価で売るしかなく、大損を出したのではないでしょうか。

なぜ「指標」を読んで投資をするべきなのか？

本書では、こうした周りに流された「ヤマ勘投資」で損をしないために、様々な「指標」の読み方を解説します。主に株式ですが、投資信託についても説明していきます。

なぜ指標を読むのかといえば、指標は数字ですから、株式市場の熱気や煽りに左右されることがないからです。

数字は正直に、かつ冷徹に「現実」を見せてくれます。

指標を読むことができれば、冷静な判断で投資ができますし、何よりも投資の成功確率を上げることができます。

ただ、指標には、株式や投資信託特有の指標もあれば、株式の場合だと個別企業の内容を知るための「経営指標」と呼ばれるものもあります。さらには経済全体の動きを見るための「景気指標」と呼ばれるものなど、様々なものがあります。それらを全部見ることはできませんし、その必要もありませんが、それらのうち、どの指標を選んで読めば投資に役立つのかは、初心者の方には分かりにくいでしょう。

私はプロの投資家ではありませんから、複雑な計算式で算出される指標については詳しくは知りませんし、金融界の特別な情報を得ることもできません。

その一方で、銀行マンとして社会人生活をスタートしてから、経営コンサルタントとしても25年以上、経営指標はもちろん、様々な指標を見続けてきました。また、大学の客員教授などを歴任する中で、マクロ経済の分析も仕事として行ってきました。

その間、1人の投資家として実際に投資も行ってきました。若いころは損もしましたが、ここ10数年はほとんどうまくいっています。

私が見続けている指標は新聞に載っているものや、インターネットで検索すれば誰もが見ることができるいくつかのものです。その中から、投資に役立つであろう指標に絞って解説します。

では、どのように指標を学べばいいのか?

指標には、もちろん、読み方があります。指標を読むためには、私は次の5つの点が大事だと考えています。

①指標の「定義」を理解する
②指標の「基準」の数字の感覚をもつ
③指標を「定点観測」する
④指標と指標を「関連」づける
⑤指標をもとに「仮説」を立てる

たとえば、「PER」は、Price Earnings Ratio の頭文字で、日本語では「株価収益率」です。「定義」としては「1株当たりの（予想）当期純利益（正確には、親会社株主に帰属する当期純利益）に対して、株価がいま何倍かを表す指標」であることや、計算式は「PER＝株価÷1株当たり（予想）当期純利益」であることを、まずは理解する必要があります（いまは分からなくても、第3章で詳しく説明しますので安心してください）。

■「指標」を学ぶメリットと本書の特長

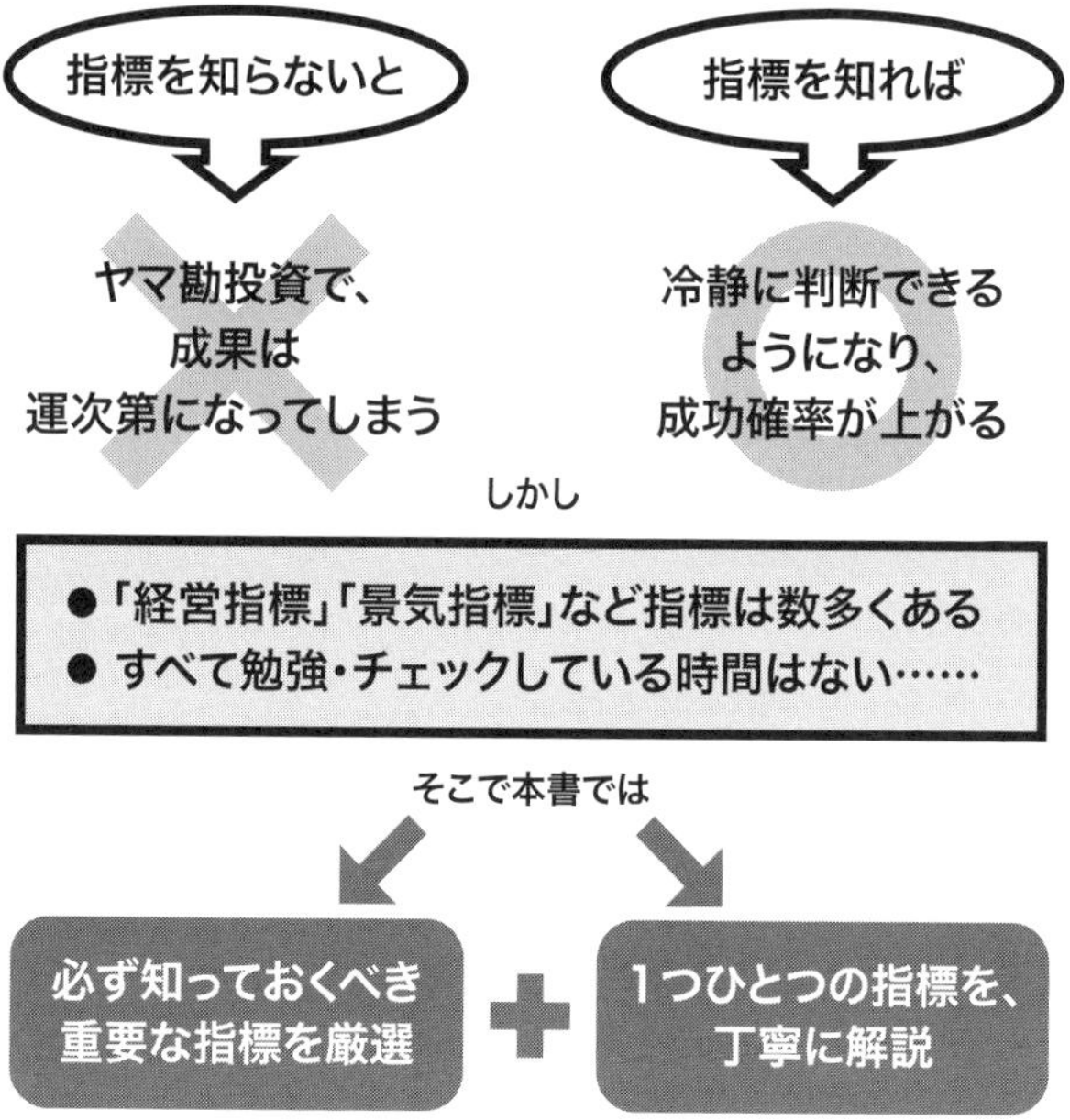

指標を知らないと
ヤマ勘投資で、成果は運次第になってしまう
指標を知れば
冷静に判断できるようになり、成功確率が上がる
しかし
●「経営指標」「景気指標」など指標は数多くある
●すべて勉強・チェックしている時間はない……
そこで本書では
必ず知っておくべき重要な指標を厳選
1つひとつの指標を、丁寧に解説

指標の「基準」は、自分で考えて、自分なりの基準をもちます。私は、PERについては、個別銘柄《めいがら》では「20倍」、市場全体なら「15倍」程度を基準にしていて、その数字以下なら株価が割安、それを超えると少し高いかな、という「基準」をもっています（この原稿を書いている時点〈2021年8月〉では、日経平均採用銘柄全体で約13倍です）。

指標を「定点観測」するというのは、定期的、継続的

■ 指標を読むときの5つのポイント

1 指標の「定義」を理解する

例 PER=株価÷1株当たり当期純利益

▼

2 指標の「基準」の数字の感覚をもつ

例 20倍以下なら株価は割安、20倍を超えると割高

▼

3 指標を「定点観測」する

▼

4 指標と指標を「関連」づける

例 株価の推移との関係も見てみる

▼

5 指標をもとに「仮説」を立てる

例 この企業のPERが高まっているのは、〇〇だからでは？

に、その指標を見続けるということです。指標は確かに、その時々の現実を表していますが、それは「ある時点」や「ある期間」の現実、つまり「点」でしかありません。これを**定期的、継続的に見ることで「線」として見ることができるようになります。**

2020年2月、日本でも新型コロナウイルス感染症のパンデミックが始まり、それまで2万3000円前後だった日経平均株価が、3月19日

には1万6552円83銭まで下がりました。いわゆる「コロナ・ショック」です。

コロナ・ショック前、約14倍だった日経平均採用銘柄のPERも、一時的に約10倍にまで急落しました。

しかし、すぐに上昇に転じ、20倍を超えます。企業の予想利益が落ちたからです（PERを計算する際の分母が小さくなったということです）。その後、日経平均株価も、5月には2万円台まで回復し、冒頭に述べた通り、さらに3万円台まで上昇しました。

こうして継続的に指標を見ていると、PERが大きく下がったコロナ・ショックの直後が株の買いどきだったことが分かります。これは「後付け」ではなく、**常に指標を定点観測していれば、そのときに「いまが買いどき」だと分かる**のです。実際、私はこのコロナ・ショック後、少し市場が落ち着いたときに、前々から買いたいと思っていた企業の株式を比較的割安の価格で買いました（私は市場が荒れていて乱高下するときには手を出さないようにしています）。

「もうコロナ・ショックは終わっちゃったじゃないか！」

そんな恨《うら》み節《ぶし》が聞こえてきそうですが、2021年5月以降、日経平均採用銘柄全体のPERは、コロナ・ショック前の約14倍に戻りました。つまり、バーゲンセールは終わってしまいましたが、まだやや割安で、セールは続いているということです（もちろん、個別銘柄は厳選する必要があります）。

指標と指標を「関連」づけるというのは、たとえば、PERだけを見るのではなく、その企業の株価の推移との関係なども知っておくということです。PERが長期間にわたって比較的高めに推移している銘柄もあれば、その逆もまたあるからです。

さらに、指標1つでは「点」や「線」にしかなりませんが、後述するPBR（株価純資産倍率）など、他の2つ、3つの指標と関連づけると「面」として見ることができます。

1つの指標だけを見て物事を判断するのは非常に危険です。**いくつかの指標を見て、投資の失敗リスクを下げる**のです。それは、株式に関する指標だけでなく、経営や経済の指標も含めてです。そうすることで、視野も広がりますし、もちろん、投資判断の正確性を上げることができます（この習慣をもつと、数字にも強くなるので、仕事にも役立ちます）。

そして、指標をもとに「仮説」を立ててみます。

といっても難しく考える必要はありません。頭の体操だと思って、「アメリカの金利は今後も少しずつ上がりそうだから、ドルが買われて円安になりそうだ。円安になるとしたら、輸出や海外で儲けている会社の株が上がるかも」といった連想ゲームのような発想で、仮説を立ててみればいいのです。

さらに、自分が立てた仮説がその通りになるかどうか、継続的に数字を見ていきます。最初のうちは、自分の仮説通りに株価や指標が動くことはないと思いますが、それでいいのです。

大事なのは、そのときに**「なぜ違ったのだろう？」と考える**こと。経済や企業の指標は複合的な要因で動きますから、仮説と違った理由は1つではありませんし、正解もありません。それでも**仮説を立てて指標を見続けていると、仮説の精度が上がり、少しずつですが先が見えるようになってきます**。

指標を読むことで、経済や企業の未来が少しでも見えてくれば、投資に有利になります。いえ、投資だけでなく、ビジネスにおいても、将来の生活設計においても、有利になることは間違いありません（もちろん頭の体操や勉強になることは言うまでもありません）。

本書の構成

まず序章では、投資の基本的な知識やスタンスについて述べます。それらを序章でつかんでください。

投資を行うのは、お金などの資産を増やすためですが、資産を増やすこと自体が目的ではないはずです。**投資を行う目的は、主には自分や家族が楽しく豊かな生活を送るためであり、資産を増やすのはその手段に過ぎません。**

投資には必ずリスクがありますから、**まず「どのくらいリスクがあるのか」を理解し、リスクに見合った投資を行う必要があります**（その意味で、なけなしのお金を投資に使ってはいけません）。

また、私たちはアマチュア投資家ですから、プロの投資家と正面から戦っても勝ち目はありません。**アマチュアは、アマチュアならではの武器である「時間」を上手に使うことが重要になります。具体的には、「長期投資」です。**

長期投資において大事になるのが「買いどき」です。高値づかみせずに、いかに株のバーゲンセールのときに買うか。そのために大切になるのが、第1章で解説する「経済分析」です。**経済全体が悪いときには、将来性のある企業の株も下がるので、そこでそれらを仕込む**のです。ウォーレン・バフェットやジョージ・ソロスといった世界有数の投資家もそのやり方です（2017年に日本有数の投資会社スパークス・グループの代表の阿部修平さんと共著『株式投資の王道』〈日経BP〉を出版しましたが、阿部さんのお考えも基本的に同じです）。

第1章では、数々の指標を見ながら、日本経済の過去と現在を分析し、私なりの仮説も提示しますので、経済に対する感性を高めてください。

そして、経済は世界中つながっていますから、日本経済だけを見ていても大きな流れは理解できません。そこで、世界1位の経済規模を誇るアメリカ、2位の中国、さらに欧州についても、指標を見ながら経済の潮流を分析していきます。

第2章は、優良企業を見極めるための「企業分析」について、財務諸表の指標を使って解説します。苦手な人が多い「貸借《たいしゃく》対照表（BS）」については、特に分かりやすく説明しますので、本章でしっかりと理解してください。

私は、**投資家がまず見るべきなのは企業の「安全性」であり、次に「収益性」と「将来性」を見るのが正しい順番**だと考えています。これら3つが高い企業に投資することで、倒産して株が紙くずになる可能性を下げることができるとともに、リターンを得る可能性を高めることができます。第2章では、それらを理解していただきます。

また、近年注目を集めている「ROE（自己資本利益率）」についても紙幅《しふく》を割《さ》きましたので理解を深めてください。


第3章は、いよいよ「株価分析」です。中心は「PER」です。そして、日本の有名企業10社の投資指標を、第2章の重要指標も含めて実際に見ていきます。私が考える投資基準に見合う企業があるのか、合わない企業はどの指標が基準を満たしていないのか、確認してみてください。

株式投資には、「現物取引」のほかに「信用取引」と呼ばれる方法があります。個人投資家にはまったくおすすめしませんが、知識としては大事だと考え、その説明も簡単にしています。

第4章は、「投資信託」の指標の基本的な見方と選び方について解説します。

投資の初心者は、**株よりも投資信託から始めるほうがリスクが低いですし、投資信託には自分では直接買えない金融商品へ投資することができるものもあり、「分散投資」を行ううえでは欠かせない**と考えています。

投資信託は種類も多いので、代表的なものについて、実際の投資信託の指標を見ながら解説しています。


本書を読んで、実際に指標を読み、少額から投資にチャレンジしてみてください。経済や企業を見る目など、経営やビジネスなどに役立つ、お金だけではないリターンがきっと得られるはずです（次に掲げるのが本書で取り上げる指標ですが、重要なもの以外はすべてを理解する必要はありません）。

本書で取り上げる主な指標

《経済分析》

- ●**国内総生産(GDP)**
- ●**現金給与総額**
- ○所定外労働時間
- ●**日銀短観業況判断**
- ○旅行取扱状況
- ○全国百貨店売上高
- ●**消費者物価指数**
- ○輸入物価指数
- ●**国内企業物価指数**
- ○景気動向指数
- ●**法人企業統計**
- ○機械受注
- ○企業倒産件数
- ○銀行貸出残高
- ○新発10年国債利回り
- ○マネタリーベース
- ●**経常収支**
- ●**貿易・サービス収支**
- ○直接投資
- ●**米国TB3カ月**
- ●**米国10年国債利回り**
- ●**米国雇用統計(非農業部門増減数)**
- ○米国消費者信頼感指数
- ○米国ISM景気指数
- ○米国自動車販売台数
- ○米国住宅着工件数
- ○ケース・シラー住宅価格指数
- ●**米国消費者物価**
- ●**米国個人消費**
- ○米国貿易サービス収支・通関
- ○中国・台湾・韓国・シンガポール消費者物価
- ○中国貿易収支・通関
- ○ユーロ圏・英国消費者物価
- ○ユーロ圏・英国失業率
- ●**ユーロ金利**
- ●**ドバイ原油価格**

《企業分析》

- ●**流動比率**
- ○当座比率
- ●**自己資本比率**
- ●**手元流動性**
- ●**売上高成長率**
- ○資産回転率
- ○売上高営業利益率
- ○配当性向
- ●**配当利回り**
- ●**ROE(自己資本利益率)**
- ●**ROA(資産利益率)**
- ●**キャッシュ・フロー・マージン**
- ○フリー・キャッシュ・フロー

《株価分析》

- ●**PER(株価収益率)**
- ●**PBR(株価純資産倍率)**
- ●**EPS(1株当たりの当期純利益)**
- ○売り残・買い残
- ○信用倍率

《投資信託》

- ●**純資産残高**
- ●**基準価額**
- ○リターン(1年)
- ○最大損失率(1年)
- ○資金流出入(1カ月)
- ●**分配金利回り**
- ●**モーニングスターレーティング**
- ○標準偏差
- ○シャープレシオ
- ○リスクメジャー

株式投資で勝つための指標が1冊でわかる本

目次

序章

アマチュアがプロに勝つための「王道の投資スタンス」

3つの分析をマスターして、「ヤマ勘投資」を卒業しよう！

第1章

「買いどき」を見極める――【経済分析】

第2章

「優良企業」を見極める――【企業分析】

第3章

「割安・割高」を見極める——【株価分析】

第4章

「投資信託」を見極める

序章

アマチュアがプロに勝つための「王道の投資スタンス」

3つの分析をマスターして、「ヤマ勘投資」を卒業しよう！

様々な指標の解説に入る前に、序章では、私が「アマチュアがプロに勝つためにはこれが一番」と考えている投資スタンスについて説明します。ポイントをかいつまんで言えば、

・リスクがとれる余裕資金（攻めるお金）で、
・経営が安定している優良企業の株を、
・市場全体の地合《じあ》いが悪い（相場が下がっている）ときに買い、
・個人投資家の最大の武器である「時間」を活かし、長期保有する。
・そして、株価の上昇とともに、年3％前後の配当利回りも継続的に得ていく。

というものです。これは私自身が実践している投資スタンスでもありますし、投資で成功している多くの人ともおおむね共通していると思います。投資は「ばくち」ではないのです。

まさに「王道の投資スタンス」ですから、どこかで読んだことがあるかもしれませんが、投資スタンスは極めて重要ですので、おさらいのつもりでぜひ読んでみてください。

「貯蓄から投資へ」と言うけれど……

本書は投資指標の教科書ですが、万人に投資をすすめるものではありません。なぜなら、投資にはリスクがあるから。つまり、**投資をすることで、自分のお金を失ってしまう可能性があるの**です。まず、このことをきちんと認識しておく必要があります。

政府は、「貯蓄から投資へ」というスローガンを掲げています。2000兆円ほどある個人金融資産の約半分、1000兆円ほどが預貯金のため、これを投資へと促《うなが》しています。

株式市場に多くのお金が流入すれば、株価も上がり、市場も活気づき、景気にもいい影響が出ます。それはもちろんのこと、もう1つの理由として、預貯金の金利がほぼゼロで、預けていてもお金が増えないため、老後に必要なお金を1人ひとりが確保するために、お金が増える可能性のある投資を促しているということも考えられます。さらには、はっきりとは分かりませんが、アメリカでは日本とは逆に個人金融資産の約半分が投資に回っているので、それに近づけたいということもあるのでしょうか。

しかし、国民は、貯蓄を維持しています。

日経平均株価の終値の最高値は、先にも述べたように、バブル時の1989年12月29日の3万8915円87銭であり、本書の冒頭で述べたように、今年に入りいったん3万円を超えたものの、最近は2万円台後半を維持しているに過ぎません。

ここ数年で見ても2万円台で推移し、コロナ・ショック時には1万6552円83銭までいったん下がりました。

つまり、**リスクをとって株式投資を行ったからといって、必ずしもお金が増えるわけではなく、大きく減らしてしまう可能性もある**のです。

そのことを身をもって知っているのが、実は、現在の年配世代です。金融資産を多くもっている人の大部分はこの年配世代ですが、この人たちは1980年代後半のバブル経済も、1990年代のバブル崩壊も、リーマン・ショックも、現役世代として経験しています。私もそうです。バブル期に投資を行い、その後のバブル崩壊で痛い目を見た人たちも、けっこう多くいるわけです。

だから、政府が「貯蓄から投資へ」というスローガンを叫んでも、そう簡単には乗らないのでしょう。さらに、第1章でも詳しく説明しますが、バブル崩壊後、日本経済が長期にわたって低迷しており、株価が上がりにくいことから、投資を手控《てびか》えている方も多いと思います。

また、長らくデフレ経済が続いたことも、「貯蓄から投資へ」が進まなかった理由ではないでしょうか。

デフレ経済下では、貨幣の価値が上がります。モノやサービスが安くなる中では、預貯金でもっていれば、実質的なお金の価値は上がるわけです。わざわざリスクをとらなくても、お金が増えているのと同じだったのですから、投資をする必然性がなかったとも言えるでしょう。

「攻めるお金」と「守るお金」

私は、お金には「攻めるお金」と「守るお金」があると考えています。

「攻めるお金」とは、リスクをとって投資などで増やそうとするお金で、「守るお金」は、一切リスクをとらない、元本《がんぽん》を減らしてはならないお金です。

たとえば、毎日の生活費や子供の教育費、1年後に家を買うための頭金《あたまきん》などは、確実に必要なお金です。このお金でリスクをとって減らしてしまったら、日々の生活ができなくなってしまうか、人生設計が大きく狂います（FX〈外国為替《かわせ》証拠金取引〉で家の頭金をなくしたという話を聞いたことがあります）。年に一度の家族旅行などのお金も、減らすことのできない「守るお金」だと言えるでしょう。

こうした**「守るお金」が一定金額あり、いざというときの備えのお金もいくらかあったうえで、さらにお金があるなら、それがはじめてリスクをとれる「攻めるお金」になります。**

将来必要な子供の教育費などを確保しており、これから2〜3年の生活が十分にできるだけのお金のめどがたっていて、それ以上にお金があるのなら、それを「攻めるお金」として投資を考えてもいいでしょう。

ただし、**素人のうちの投資戦略の基本は、「少額での分散投資」**です。日本の債券《さいけん》やリスクの比較的小さな投資信託、株式などに、少しずつ投資します。そこで投資の「感覚」をある程度つかんでから、外貨での投資などを含めて金額を増やしていくべきです。とにかく慣れるまでは少額で行ったほうがいいでしょう。

誤解している人がいるのですが、**「ハイリスク・ハイリターン」は、「ハイリスクをとれば、ハイリターンが得られる」という意味ではありません。「ハイリスクをとれば、ハイリターンがひょっとすると得られるかもしれない」という意味です。**「ローリスク」では必ず「ローリターン」しか得られませんが、「ハイリスク」商品は「ハイリターン」を得られる「かもしれない」という意味でしかないのです。さらに言っておくと、「ハイリスク・ノーリターン」や「ハイリスク・マイナスリターン」になる可能性だって十分にあるのです。

ただし、皆さんが**大金持ちを目指すなら、私は株式投資をすすめます。それも、分散投資ではなく、一定銘柄に集中投資するのです。**もちろん、上級者になってからで、十分に勉強することが大前提ですが、世界有数のお金持ちになった人たちは皆、株式で儲けているのです。

それには、2つのパターンがあります。1つは、マイクロソフトのビル・ゲイツやフェイスブックのマーク・ザッカーバーグのように、自社を育てて、自社株で巨万の富を得る方法。そして、もう1つの方法は、ウォーレン・バフェットなどのように、他社株式に投資することで、投資家として、その利益を享受《きょうじゅ》する方法です。

いずれにしても、巨万の富を得た多くの人は株式で得ていることも事実なのです。皆さんにももちろん、チャンスはあります。ただし、どちらの場合にも、十分な知識が必要なことは言うまでもありません。

金融市場はプロが圧倒的に有利だが……

金融市場というのは、プロとアマチュアが同じ土俵に上がって勝負します。

しかも、プロのほうが圧倒的に有利なのです。まず得られる情報量がまったく違います。それを分析する専門家もいて、情報分析力もプロのほうが断然優《まさ》っているでしょう。手数料だって有利です。資金力は言うに及ばず、さらに、1000分の1秒単位で売買できるコンピュータまでもっています。

いかがでしょうか。「プロには勝てっこない」と思われたのではないでしょうか。**アマチュアが生半可《なまはんか》な知識や情報量で勝つことができるほど、金融市場は甘くない**のです。このこ

0-1 アマチュア投資家の最大の武器は「時間」

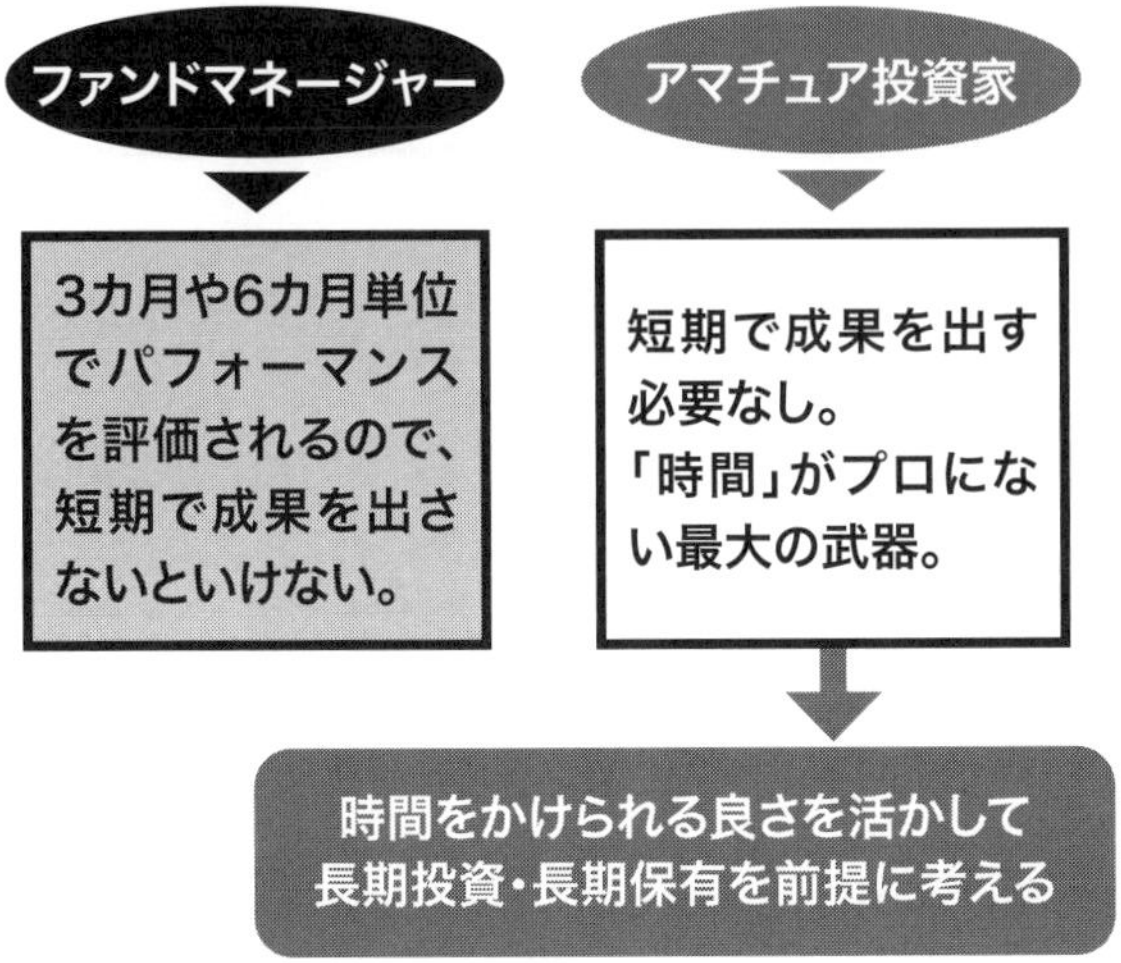

ファンドマネージャー
アマチュア投資家
3カ月や6カ月単位でパフォーマンスを評価されるので、短期で成果を出さないといけない。
短期で成果を出す必要なし。「時間」がプロにない最大の武器。
時間をかけられる良さを活かして長期投資・長期保有を前提に考える

とも、あらかじめきちんと認識しておく必要があります。

　では、金融市場でアマチュアのほうがプロよりも有利なものが何もないかと言うと、たった1つだけあります。それが「時間」です（ただしこれも、ある程度、市場や経済、企業などについて分析手法を知っていることが大前提です。もちろん、いまは知らなくても大丈夫です。それを説明するのが本書の役割です）。

「時間」の面で有利とはどういうことでしょうか。

　プロの投資家は、ファンドマネージャーと呼ばれる専門家を雇っています。彼らの多くは、3カ月や6カ月単位でパフォーマンスを評価されます。どのように評価されるかと言えば、「インデックス」よりどれだけ高いパフォーマンスを出しているか。

インデックスというのは、ある市場全体のモノサシとなる「指数」のことで、日本の株価なら日経平均株価やTOPIX、アメリカの株価ならダウ平均株価（ダウ工業株30種平均）やS&P500などです。

インデックスは、選ばれている企業の株価を総合的に表していますから、それらの企業の株を機械的に買えば、インデックスとほぼ同じパフォーマンスになります。

したがってファンドマネージャーは、このインデックスを上回るパフォーマンスを出さなければ存在価値がありません。もし、インデックスよりも低いパフォーマンスを出してしまうと、クビが飛ぶ。そんな厳しい世界です。それを3カ月や6カ月単位で評価されるわけです。

これに対して、私たちアマチュアは、短期間でパフォーマンスを出す必要はありません。というか、**短期間のパフォーマンスを求めればプロに勝てませんから、長期投資を行い、長期間で見て、いいパフォーマンスになるように投資をするしか、勝ち目はない**のです。そして、そのほうがうまくいきます。

私が考えるアマチュアの投資戦略の基本は、**まずは、あまり難しくない商品に少額の分散投資を行い、そこで少し感覚をつかんだら、額を増やす。**さらに、投資を行う場合には**「長期」にわたって行うのが大原則**、というものです。

株価は上がり過ぎも、下がり過ぎもする

「時間」のメリットについてもう少しお話ししましょう。

機関投資家などのファンドマネージャーたちは、株価が上がり始めると、上がりそうな株を一斉に買います。波に乗り遅れまいとどんどん買い増していきます。インデックスも上がるので、それよりもいいパフォーマンスを出さないといけないからです。逆に、株価が下がり始めると、利益を確定させるため、損をしないために我先《われさき》にと一斉に売ります。これもインデックスに負けないためです。

もちろんそうしないプロもいますが少数派で、多くのプロは、短期間のパフォーマンスを上げるために、こうした大きな流れには逆《さか》らいません。

プロが一斉に買ったり、売ったりしますから、株価は過度に上がったり、過度に下がったりします。

「バブル」のときは過度に上がりやすく、「〇〇危機」や「〇〇ショック」と呼ばれるときには過度に下がりやすいのです。

そして、この**過度に下がったときこそが、実は、個人投資家が株を買うチャンス**です。

世界有数の投資家であるジョージ・ソロスは「市場は間違う」と言っていますが、その間違いを私たちは利用するべきなのです。

コロナ・ショックの際にも、プロを含めて、投資家たちが一斉に株を売ったため、株価が世界的に過度に下がりました。

しかし、株価が下がり過ぎているのかどうかは、リーマン・ショッククラスやコロナ・ショッククラスなら、ある程度、誰にでも分かるにしても、そこまで大規模でなければ、普通に生活をしているだけでは分かりません。**マクロの経済状況を分析する「経済分析」の力が必要となり、さらには日経平均株価などのインデックスや市場全体のPERなどの投資指標を継続的に見ている必要があります**（こちらは、次の第1章以降で詳しく説明します）。

0-2 「3つの分析」で分かること

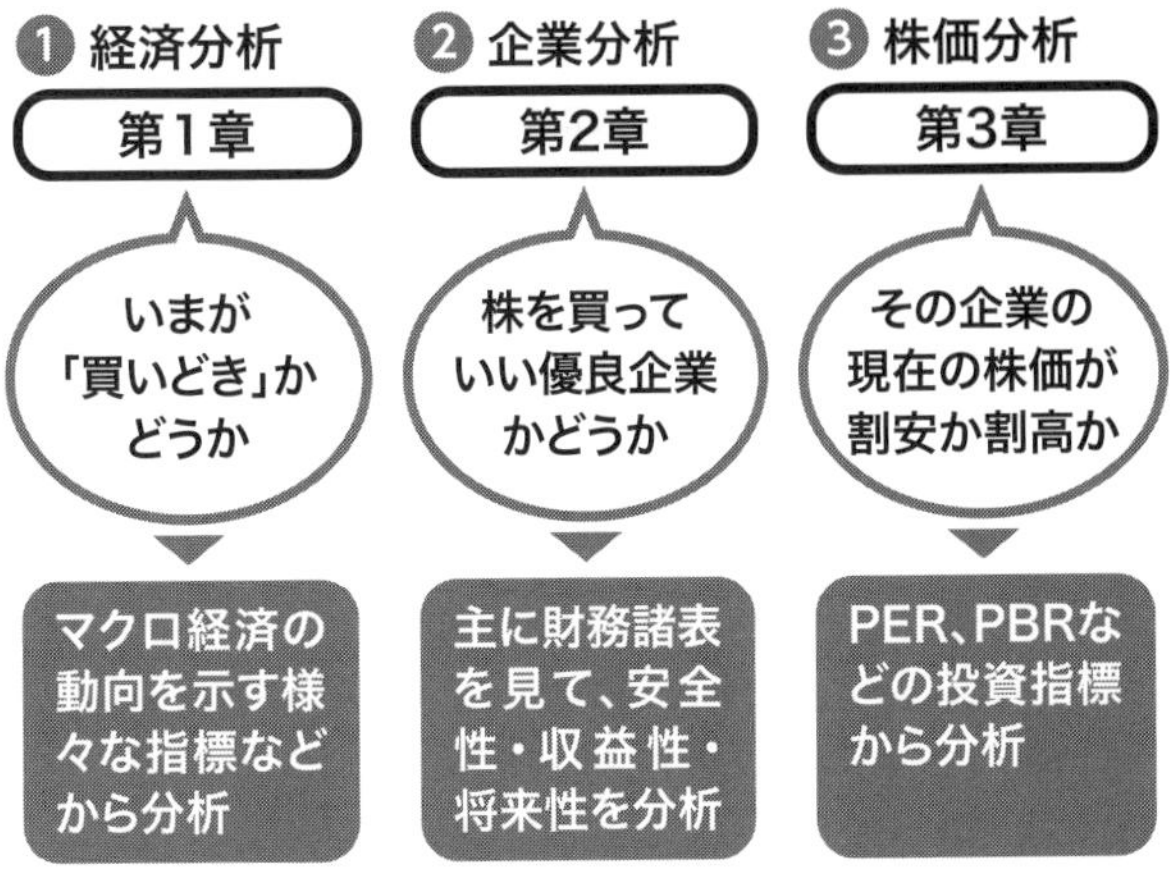

1 経済分析
第1章
いまが「買いどき」かどうか
マクロ経済の動向を示す様々な指標などから分析
2 企業分析
第2章
株を買っていい優良企業かどうか
主に財務諸表を見て、安全性・収益性・将来性を分析
3 株価分析
第3章
その企業の現在の株価が割安か割高か
PER、PBRなどの投資指標から分析

また、株価が下がり過ぎているチャンスだと分かっても、どの企業の株を買えばいいのかを知るためには、また別の分析が必要です。**企業の安全性や収益性、将来性など、「企業分析」ができないと、どの企業の株を買えばいいのかは分かりません**（こちらは、第2章で説明します）。すべての企業の株価が下がっているからといって、どの企業の株を買ってもいいわけではないのです。

さらに、**その企業の現在の株価が高いのか、安いのかを分析する「株価分析」の能力があれば、株価が上がる可能性の高い企業の株を買うことができる**でしょう（こちらは、第3章で説明します）。

いずれも、それぞれの専門家が行えばどこまでも深掘りできる分野ですが、私たちはアマチュアですから、アマチュアなりの最低ラインの分析ができれば十分です。それでも、**何の分析も行わずに株を買うのと、分析を行って買うのとでは、雲泥《うんでい》の差がつく**と思います。

なぜ「経済分析」が一番大事なのか？

株式投資に関する本を見ると、多くは「企業分析」と「株価分析」については書かれていますが、「経済分析」についてはあまり述べられていません。

しかし私は、「経済分析」こそ、株式投資には一番大事なのではないかと考えています。

なぜなら、先ほども触れた日経平均株価の最高値である３万８９１５円87銭あたりで株を買っていたら、30年以上たったいまでも株価が戻っていない可能性は高いですし、これからさらに何十年もっていたとしても、戻らない可能性があるからです。

いわゆる**「高値づかみ」をしてしまうと、いくら個人投資家は長期でパフォーマンスを見ることができるといっても、マイナスリターンになってしまいます。**買う時期が大切なのです。

物を買うときは、多くの人がバーゲンセールを待って買うにもかかわらず、株はなぜか高く上がっているときに買いたがる人が多くいます。

けれども、株式投資でリターンを得たい、または損をしたくないのであれば、やはり、株のバーゲンセールである、株価が下がり過ぎているときに買うべきです。

しかし、一番安いときに買うことができるかどうかは「運」の部分もあります。長期投資をするなら、ある程度安いときで十分です。投資の格言に**「頭と尻尾《しっぽ》はくれてやれ」**というものがあります。最高値、最安値《さいやすね》で買うのはなかなか難しく、ある程度で十分と思っていたほうが、気分的にも楽です。繰り返しますが、長期で保有すれば、それでも十分にリターンが得られます。

「買いどき」は必ずやってくる

では、いつが株価が下がり過ぎた「買いどき」なのか、まずは過去を振り返ってみましょう。

47ページのグラフは、日経平均株価の1980年からの約40年分の動きを表したものです。バブル期に急騰《きゅうとう》し、1989年12月末に向けて右肩上がりで4万円弱まで上昇し、一気にその半分の2万円を切るところまで急降下したことが分かります。

その後、2万円を上値《うわね》に推移したあと、2000年代前半に一度1万円を切り、後半に持ち直したあと、また1万円を切り、2010年前後は1万円前後が続いて、2021年8月現在は3万円を少し切ったところです。

このグラフを見ると、1万円を切った2000年代前半や2010年前後が「買いどき」だったことが分かります。これらのときに優良企業の株を買っていれば、おそらく現在は大きな含《ふく》み益《えき》を抱えているはずです。

「そんなのは、あとからだから言えることじゃないか」

そう思われた人もいるかもしれません。その通りです。あとからならこんなに分かりやすい「買いどき」も、そのときには、つい「まだまだ下がるんじゃないか」などと思ってしまいがちです。だから、**「経済分析」を行って、オンタイムで「買いどき」を知る**必要があるのです（私は、相場が大きく下げて、自分の持ち株の価格も下がり、新聞の株式欄を見るもの嫌な時期が「買いどき」だと思って、勇気を振り絞って買うことにしています）。

0-3　過去40年間の日経平均株価の推移

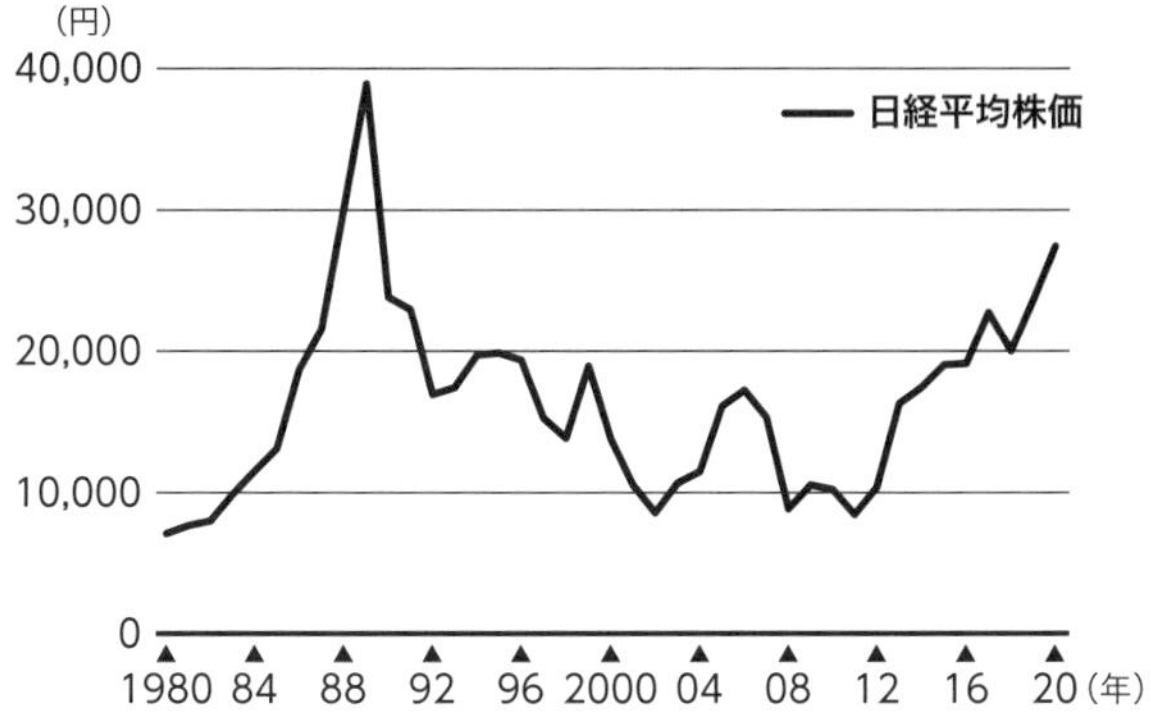
（円）
40,000
30,000
20,000
10,000
0
日経平均株価
1980
84
88
92
96
2000
04
08
12
16
20（年）

※各年12月末の終値

40年という長い過去を知っておくことは、その第一歩でもあります。

ちなみに、２０００年台前半の株価低迷期は、日本ではバブルの後遺症による１９９７年と２００３年の２度の金融危機の間の時期であるとともに、アメリカで「ＩＴバブル」がはじけたことと重なった時期でもあります。一方、２０１０年前後の株価低迷期は、２００８年のリーマン・ショックが原因でした。**株価は、全体的には、経済全体の動きに応じて動いているのです。**

参考までに、同期間のアメリカの株価の推移も見ておきましょう。

アメリカの代表的な株価指数である「ダウ平

0-4 過去40年間のダウ平均株価の推移

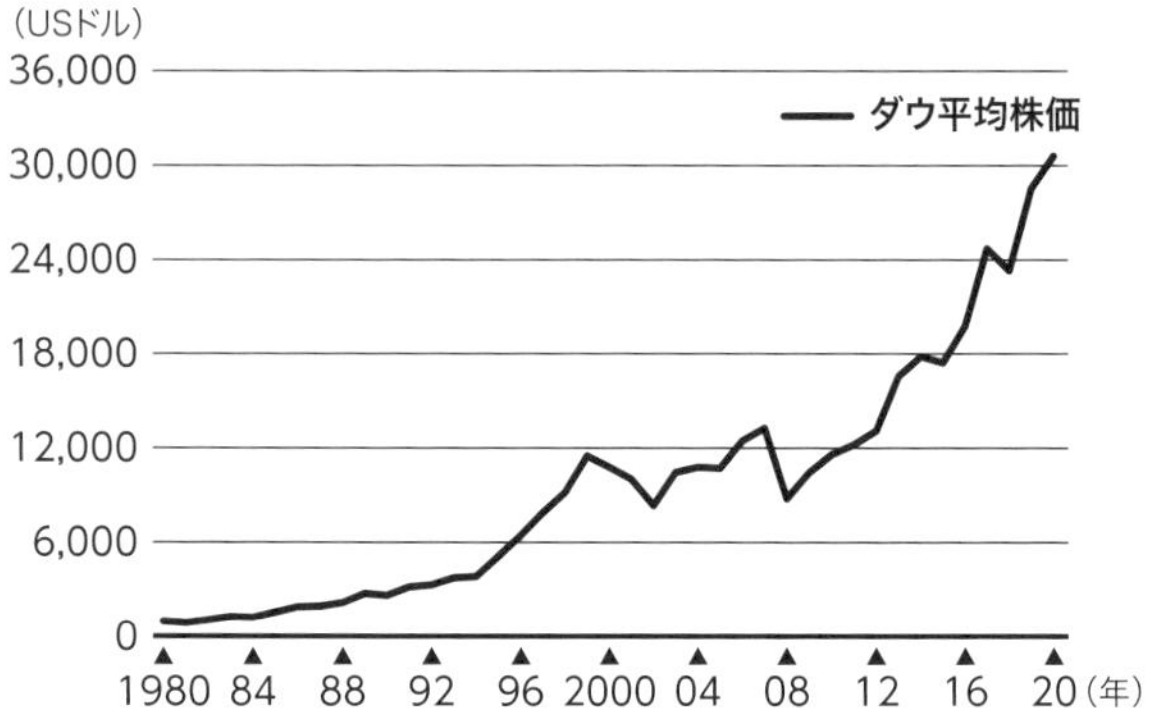
(USドル)
36,000
30,000
24,000
18,000
12,000
6,000
0
ダウ平均株価
1980
84
88
92
96
2000
04
08
12
16
20
(年)

※各年12月末の終値

均株価」は、１９８０年には約１０００ドルでした。

それが現在はいくらになっていると思いますか。２０２１年８月中旬時点で３万５０００ドル台。約40年前の、なんと30倍以上にもなっているのです。

かたや日経平均は、約40年前の３倍ちょっとしか上がっていません。

日経平均は２２５銘柄、ダウ平均は30銘柄と、銘柄数の違いはありますが、この値動きの差を見れば、アメリカのように「貯蓄から投資へ」の流れが進まなかったのも当然という気がします。

企業分析では、「つぶれない」ことを最重視

かく言う私も、若いときには株式投資に何度か失敗しました。「まだまだ上がる」と根拠なく判断して、株価が高いときに買ってしまい、損をしたのです。痛い目にあって反省し、安いときに買うために、日常的に「経済分析」を行うようになりました。

そうした経験から言えることは、**5年に一度、少なくとも10年に一度は「買いどき」がくる**ということです。そのときのために、いまから訓練や準備をしておくといいのではないでしょうか。

株式投資も、何の分析も行わずに当てずっぽうで行えば「ばくち」と変わりませんが、私は自分のできる範囲で「経済分析」「企業分析」「株価分析」を行ったうえで株式投資を行っていますので、「ばくち」とは明らかに違います（こういう分析がほとんどできないビットコインなどの「暗号資産〈仮想通貨〉」は「ばくち」と同じなので、私は手を出しません）。

そして、**私が優良だと思って投資した企業の発展とともに、自分の財産も増やしていくと**いうのが、私の投資スタンスです。だから短期売買は一切しません。

実際、私は現在15社ほどの企業の株式を保有しており、購入したのはリーマン・ショック後の「買いどき」でした。さらにその後も、コロナ・ショック時などに買い増しをしていますが、（TOBで上場廃止になった銘柄を除くと）まだ1社も売っていません。

購入時より株価が下がっている企業は1社しかなく、上がり幅は企業によって様々です。大きな含み益を抱えているものもあれば、含み益が少ししかないものもありますが、すぐに売るつもりはないので、あまり気にしていません。また、配当利回りの高い銘柄を買っているので、配当収入も預金金利などよりずっと多くあります。

「企業分析」によって、第2章で解説する「自己資本比率」や「流動比率」などをチェックし、ちょっとやそっとのことがあってもつぶれないほど安全性が高く、経営の安定している企業を選んでいますので、安心して長期保有ができるのです。

長期保有で「配当利回り3％」は実現できる

初心者の投資戦略は、少額の分散投資でスタートし、痛い目にもあいながら感覚をつかみ、徐々に額を増やしていくこと、かつ「長期」で行うことだと述べましたが、その際に**重視するべきなのが「株価が全体に低いときに買う」ということと、私の場合は「配当利回り」**です。

配当利回りとは、株価に対する年間配当金の割合のことです。

株価が１０００円で、年間配当金が30円であれば、30÷１０００＝０・０３ですから、配当利回りは３％です。この株を１００万円分もっていれば、年に３万円を配当金としてもらえることになります。

実際には、通常は配当金の約2割が税金として徴収《ちょうしゅう》されますが、それでも、限りなくゼロに近い預貯金の金利に比べたら大きな利回りだと言えるでしょう。

さらに、株価が安いとき、仮に80万円のときに買っていたとしたら、年３万円の配当金は、３万÷80万＝０・０３７５ですから、買い値に対する配当利回りは３・７５％になります。

現在の株価に対する配当利回り3％、買《か》い値《ね》に対する配当利回り約4％は、十分に実現可能な目標であり、私自身、年によっては実現できています。

このゼロ金利時代に3～4％で資産運用できるのですから、それらの株を売るほうがもったいないと思い、売らずに長期保有しているのです。

三井住友フィナンシャルグループの配当利回りは、近年、4～5％あります。三井住友銀行の定期預金に預金しても、0・002％といった限りなくゼロに近い金利しかつきません。預金で3～4％の利回りを実現することは不可能です。

私が銀行員になった1981年、1年定期預金の金利は5％、3年定期預金の金利は7％でした。そんな時代なら、コツコツお金を貯めていれば金利で旅行に行くこともできました。しかし、もう金利で食べていくことはできません。

もちろん、株には価格変動リスクがあります。ただ、経営が比較的安定し、財務基盤がしっかりしている三井住友フィナンシャルグループがつぶれるときは、日本がつぶれるとき、日本が財務破綻《はたん》するときではないでしょうか。つまり、三井住友フィナンシャルグループと

0-5 超低金利時代だからこそ「配当利回り」に注目

配当利回りとは

株価に対する年間配当金の割合

年間配当金 ÷ 株価 ＝ 配当利回り

たとえば 30円 ÷ 1,000円 ＝ 3%

配当利回り3%前後の優良企業（安定企業でもある）は探せばけっこうある

一方、預貯金金利は、ほぼ0%
このゼロ金利時代に3～4%で資産運用できるのだからお得

いう企業のリスクとしては、預金も株も同じなのです（もちろん株価変動リスクはあります。ですから、安いときに買うのです）。

配当は、「予想配当」として多くの企業が発表していますが、業績が悪いときは少なくなります。**高配当利回りを実現するためには、過去の配当実績や、あとで説明する財務諸表の純資産の中の「利益剰余金」なども分析する必要があります。**

株式投資というと、株を売ったときに得られる売買差益「キャピタルゲイン」にばかり目が行きがちですが、配当もばかにできないものなのです。もちろん、ベストは、安定した配当を得ながらキャピタルゲインも得ることです（そのためにも、安いときに買うのです）。

「日本リスク」を回避せよ

投資を行うに当たっては、「自分のお金を失ってしまうリスクがある」ことと、「金融市場はプロが圧倒的に有利である」ことを認識しておく必要があると述べました。

これから投資を行う人は、さらにもう1つ、認識しておくべきことがあります。

それは、「日本リスク」です。

日本政府は、現在、1200兆円を超える膨大《ぼうだい》な借金を抱えています。これは、名目国内総生産（名目GDP）の200％以上で、先進国では「断トツ最悪」です。

また、デフレ経済からの脱却を目指して日本銀行の黒田東彦《はるひこ》総裁が行った異次元の量的・質的金融緩和によって、株価や経済は多少は回復したものの、日銀は過大なリスクを抱えています。異次元緩和開始時には、日本経済新聞はこれを「戻れない賭《か》け」と呼びましたが、目標のインフレ率２％はいまだにほど遠い状況で、日銀が抱えるリスクだけが増大していま す。本来、中央銀行は過度なリスクをとってはいけません。通貨に対する信用を失いかねないからです。

さらに、日本は人口減少時代に入りました。しかも、高齢者比率が高まり、労働力人口が急激に減っています。これが日本経済に大きな影響を与えることは間違いありません。

何が言いたいかというと、つい20年ぐらい前までは考えなくてもよかった「日本自体のリスク」があるということです。日本経済の将来にある程度大きなリスクがある以上、投資を行う際には、それを考慮に入れておくことが重要になります。

日本が危機、あるいはじり貧に陥れば、その通貨である「円」の価値は当然下がる（＝円安になる）可能性が高まります。場合によっては暴落します。ＭＭＴ理論（現代貨幣理論）のような「気楽な」ことを言っている人がいますが、その真偽は別として、個人としてはその理論に乗ってリスクを回避することを怠《おこた》ってはならないのです。別の言い方をすれば、中長期的に見れば、**日本より信用度の高い国の外貨ベースの投資を行うことが合理的になりつつある**とも言えます。

「日本リスク」について正しく認識してもらうためにさらに述べておくと、以前は、日本国債の格付けは「ＡＡＡ（トリプルＡ）」と呼ばれる最上位でした。世界で最も安全な債券だったわけです。

現在は、ムーディーズが「Ａ１」、Ｓ＆Ｐ（スタンダード＆プアーズ）が「Ａ＋」、フィッチが「Ａ」と、格付け会社によって呼び方は違いますが、だいたい上から５〜６番目に下がっており、確実に信用力は落ちています。

日本国債がデフォルト（債務《さいむ》不履行《ふりこう》）になる確率はおよそ２００分の１程度と言われており、まだ低いですが、今後さらに格付けが下がる可能性もあります。

外貨投資以外の日本リスク回避法とは？

外貨ベースの投資といった場合に、よくＦＸが挙がります。倍率（レバレッジ）をかけずに投資すれば、外貨預金よりも為替取引の手数料が安くていいのですが、倍率をかける、それも大きくかける取引は、まったくおすすめしません。第３章であらためて述べますが、十分な分析を行ったとしても、倍率をかける取引きはかなりばくちに近い面があります。大切な自分のお金を、ばくちに賭けてはいけません。

ＦＸ以外の一般的な外貨預金や外貨建ての投資信託などが投資先の候補となりますが、外貨ベースの投資は、投資した債券や株式の価格変動リスクだけでなく、為替相場の変動の影響を受けますから、「為替リスク」もあります。それを考慮すると、株同様、安くなったときが「買いどき」なのですが、なかなか判断が難しく、リスクも高い。２０２１年８月現在、ドル円相場は１ドル１１０円程度で推移していますが、今後の為替相場がどうなっていくかは専門家でも判断が難しいところです。

こうしたときでも、「日本リスク」を避ける方法はあります。それは、**日本企業の中で、海外で大きな利益を出している企業、グローバルに活躍している企業に投資する**という方法です。私は、外貨預金ももっていますが、主に、日本のグローバル企業に投資することで、「日本リスク」の回避を行っています。そして、日本企業のほうが肌感覚で分かりやすいというメリットもあります。

日本経済が仮に悪化しても、海外事業が好調なら、その企業の株価はそれほど下がらないでしょう。実質、外貨ベースの投資を行っているのと同じになり、日本という国のカントリーリスクをかなり回避することができます。

私が日本リスクを回避したいと考えるのは、**これまで40年以上働いて貯めてきたお金の価値が、日本政府の無策や日銀の極端な金融政策によって大幅に減少するのだけは避けたいか**らです。単に損をしたくないとか、大儲けしたいとか考えているわけではありません。

私には、日本国債の格下げや円の暴落を止めることはできません。「自分がコントロールできることに全力を尽くす」というのが私のポリシーで、お金についてもこのポリシーを大事にして実行しているに過ぎないのです。

最適な投資ポートフォリオは?

「ポートフォリオ」という言葉を聞いたことがある人も多いと思います。様々な投資の組み合わせを言いますが、それでは、投資を行う際に、どのようなバランスで投資を行えばよいのでしょうか。

私は、長年、日本証券アナリスト協会の会員だったのですが、20年以上前、アナリスト協会の機関誌に次のように書いてあったと記憶しています。

世界中のお金持ちを調査したところ、お金持ちがどのようなポートフォリオを組んでいるかというと、資産の3分の1を株や投資信託などに投資し、3分の1は現預金でもち、残りの3分の1を実物資産である不動産などでもっていたそうです。

20年以上前の調査ですから、必ずしも現在にも当てはまるかは分かりませんが、**「攻めるお金」が3分の1、「守るお金」が3分の1、家やマンションなどの実物資産の価値が3分の1というのは、バランスとして悪くない**と私は思います。

インフレになったときには、不動産などの実物資産の価値が上がります。現預金は投資にも回せますし、もちろん日常の決済資金としても必要です。デフレ時には現預金の価値が上がり、株式などは経済が成長すれば価値も上がりますし、配当も得られます。いまなら実物資産の代替として、REIT（不動産投資信託）などを購入することもできます。

もう1つ、ポートフォリオの参考になるのは、GPIF（年金積立金管理運用独立行政法人）のポートフォリオです。

GPIFは私たちの年金の積立金を管理していて、約193兆円（2021年6月末）を運用しています。その運用方針は、「長期的な観点から安全かつ効率的な運用」を行うとして、61ページの図の下の円グラフのようなポートフォリオを基本としています。

ただし、このポートフォリオは2020年4月1日以降のもので、2014年10月末以前は次ページの図の上の円グラフのようなポートフォリオが基本でした。

一見して分かるように、国内株式と外国株式、外国債券が倍増し、国内債券（主に日本国債）が大幅に減っています。一般的に、債券よりも株式のほうがリスクが高いですから、以前のポートフォリオよりも、現在のポートフォリオのほうが高いリスクをとっていると言えるでしょう。世界的に金利水準が下がり、思ったような運用ができないため、リスクは高いものの、アップサイドを狙いやすい株式への投資比率を増やしているのです。また、「官製相場」と言われるように、GPIFに日本株を買わせることにより、日銀とともに国内の株価維持に貢献させているのです。

国内と海外の割合は、5：5へと、海外の割合が増えました。これも、「為替リスク」が高まるものの、より高いリターンを狙っていると言えます。ただし、もちろん、リスクがより高いことも言うまでもありません。

どちらにしても、「これがベストだ」と言えるポートフォリオは存在しません。それは、ベストは人によって違うし、そのときどきの経済環境によっても違うから。**自分に合ったポートフォリオは、そのとき、そのときに、自分で見つけるしかない**のです。

0-6 GPIFの基本ポートフォリオの変化

■2014年10月末以前

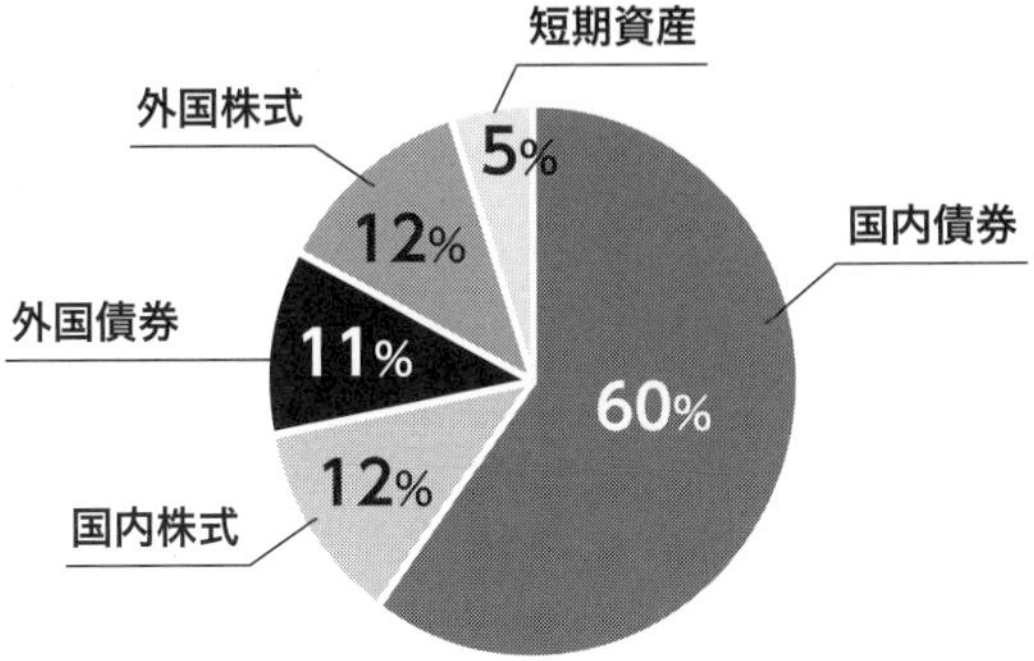

■2020年4月1日以降

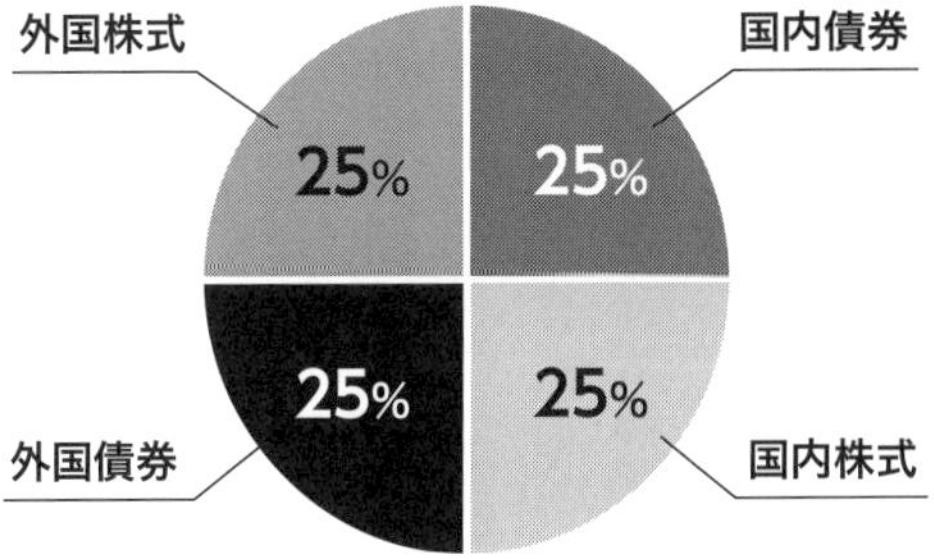

初心者は分散投資を、上級者は集中投資を

ただ、投資の初心者は、株式だけでなく、債券や投資信託など、いくつかの投資先に分けて投資する**「分散投資」を行ったほうがいいのは間違いありません。**なぜなら、分散投資のほうが安全性が高いからです。

分散投資をしていれば、ある投資資産がマイナスになっても、別の投資先のプラスがそれ以上であれば、トータルでプラスになりますし、マイナスのほうが大きくても、マイナス幅を小さくすることができます。大けがをしないですむのです。

もちろん逆に、ある投資先で大幅なプラスが出たとしても、別の投資先がマイナスであれば、プラス幅が減ってしまうこともあります。

プラス幅も小さくなりますが、マイナス幅も小さく抑えられるという意味で、**分散投資は全体で見ればリスクを抑える投資法であり、初心者の投資の鉄則**です。さらには、様々な金融商品に投資することで、それぞれの特性を知り、「感覚」を磨くことができます。

また、リスクをとることに平気な性格の人もいれば、安全志向の人もいます。安全志向の

人が、「怖いな」と思うほどの投資を行ってしまうと、毎日ドキドキしてしまい、心身の調子を崩してしまうことにもなりかねません。

性格は1人ひとり違いますから、自分に合った無理のない投資を行うのがベストです。ですから、初心者のうちは、いろいろな金融商品を少額ずつ買ってみて、自分に合う投資を少しずつ見つけていけばいいと思います。

先にも述べましたが、その一方で、世界有数の大金持ちになった人のほとんどは、自社株式を含めて、株式で儲けた人たちです。世界有数の投資家として名高いウォーレン・バフェットの投資法も、基本的には、自分がこれだと判断したいくつかの少数銘柄に大金を投資するという集中投資です。

したがって、**大金持ちになりたかったら、「経済分析」「企業分析」「株価分析」などを極めて、最も株価が上がりそうだと判断した個別銘柄に集中投資を行うべき**です。

しかし、それは投資経験を十分に積んでからのこと。初心者は、分散投資から始めるのが基本です。

column

暗号資産は価値を失う可能性あり

これまで、投資を行うに当たっての基本的な認識や戦略などについて述べてきましたが、本章の最後に、近年注目を集めている「暗号資産」について触れておきたいと思います。

「ビットコイン」に代表される**暗号資産は、国家の裏付けがない通貨**です。「カジノのチップ」と同じだと言っている人もいます。

一方、円は日本という国家がその価値を保証して発行している法定通貨であり、米ドルはアメリカが価値を保証する法定通貨です（正確には、中央銀行の負債と認識される）。

円の価格は、日本の産業の強さや、逆に財政赤字の弱さなど、ファンダメンタルズ（経済や政治の基礎的状況）が総合的かつ相対的に判断されて決まっています。もちろん、それとは別に投機的な需給によっても決まりますが、ベースのところにはファンダメンタルズや国力があります。

オーストラリアの豪《ごう》ドルは、オーストラリアの資源の価値が上がれば価格が上がります。国家が発行する法定通貨の基盤は、その国のファンダメンタルズなのです。

そのファンダメンタルズがないのが、暗号資産です。それではどうして、暗号資産の相場が上がったり下がったりするのでしょうか。

理由は、ひとえに需給です。価値があると思う人が増えれば値上がりし、そうでないと思う人が増えれば値下がりするということです。

つまり、**需給が暗号資産の価値を決めている大きな要因なのです。それ以上の裏付けはないと言っていいでしょう。**だから、暗号資産は乱高下するのです。経済や暗号資産の仕組みを勉強しても、その動きを予想することは難しいのです。

2015年、300ドル台だったビットコインの価格は、2017年には2万ドル近くにまで上昇しますが、その後は下げに転じ、3000ドル台前半まで大幅に下げ、上がったり下がったりを繰り返しながら、2021年4月には6万ドルを超えました。しかし、2021年8月現在は、4万~5万ドル台に下がっています。

FXがブームになったときもそうでしたが、「ものすごく儲かりました」という話がたくさん出てくることでさらに相場が煽られるわけですが、最終的にはバブルがはじけて死屍累々《ししるいるい》となる可能性も小さくないのです。

0-7 ビットコインの価格推移(1ビットコイン当たりドル)

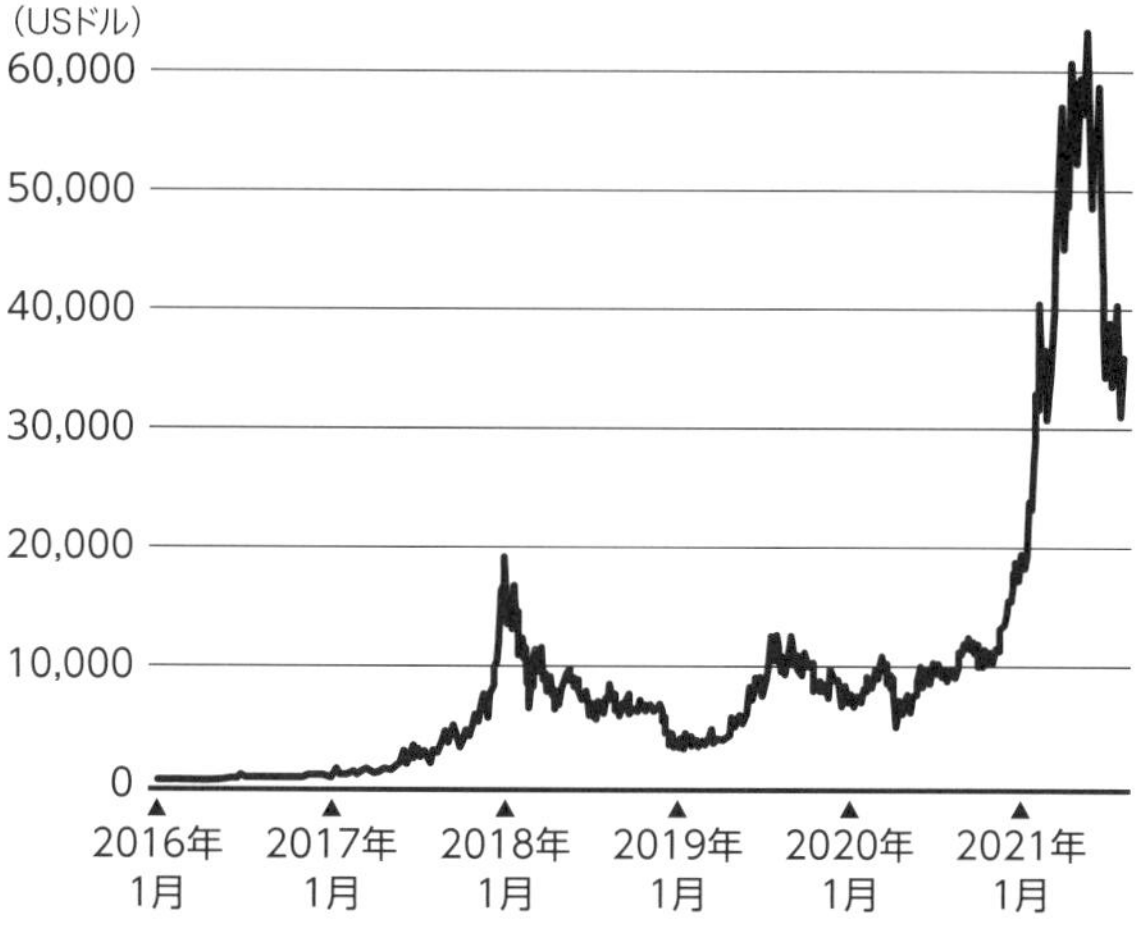

出所:coindesk

暗号資産には「ブロックチェーン」と呼ばれる新しい技術が使われており、それによって盗まれたりすることなく電子決済ができるという利便性は確かにあります。世界のどこでも誰とでも電子決済ができたら、送金する必要がなくなりますから、確かに便利です。

そこで、各国の中央銀行が考えているのが、「法定デジタル通貨(中央銀行デジタル通貨)」です。発行している通貨の一部をデジタル化してしまおうというのです。そこにはブロックチェーンも使われる予定です。中国は実証実験をしています。

これまでの法定通貨同様、各国の保証もありますから、何の保証もなく価格が乱高下する暗号資産をもつ必要もなくなります。そもそも、乱高下する暗号資産は、決済通貨としてはなかなか使いづらいのではないでしょうか。

日銀にとって通貨は負債です。日銀の貸借対照表を見れば、負債の部に約１２０兆円が計上されています。

では、暗号資産は誰の負債なのでしょうか。誰の負債でもありません。何かがあっても、誰も責任をとることがない通貨なのです。中央銀行がデジタル通貨を発行するようになれば、価格が乱高下し、しかも政府の裏付けのない暗号資産を欲しがる人の数が減る可能性は小さくありません。

ビットコインなどの暗号資産はこれからも残っていくと思いますが、私が暗号資産を買うことは絶対にありません。なぜなら、暗号資産は需給によって価格が決まり、そこにはストーリーもロマンもないからです。単なる「ばくち」に手を出すつもりはありません。

逆に言えば、**株式投資には、経済や経営の指標を読み解くことで見えてくるストーリ**

ーや、その企業の成長を応援するといったロマンがあります。自分の大事なお金をどちらに使うのか。みなさんも考えてみてください。

常識を何よりも大切に

コラムで見たように、常識で考えれば当たり前のことが、熱狂の渦中《かちゅう》にいると見えなくなることが多々あります。上げ相場を見ていると、まだまだ上がるような気がしてきますし、逆に下げ相場では、まだまだ下がりそうに思えます。

私は若いころに銀行員としてバブル経済を経験していますが、渦中にいれば熱狂してしまうものなのです。当時は、アメリカなどでは日本はバブルだと言っていましたが、日本ではそうは思わず、一方、リーマン・ショック前にアメリカでバブルが起こったときには、日本では「あれはバブルだ」という声が聞かれましたが、当事者のアメリカでは熱狂が続いていたわけです。

そうしたときこそ、冷静に常識を働かせることが重要になります。そして、そのためには、日ごろから客観的な数字である指標を使った分析を積み重ねておくことです。

それでは、次章より具体的な指標を使った分析について見ていきます。まずは、相場全体に大きな影響を及ぼすマクロ経済の見方を勉強しましょう。文章を追っていただくことで、現在の経済の状況も分かるように工夫しています。

第1章

「買いどき」を見極める——【経済分析】

経済分析①

日本編

「買いどき」がいつなのかを見極めるためには、経済の大きな流れをつかんでおくことが大切になります。しかも、現在の経済は、世界中すべてつながっていますので、日本だけを見ていても流れを理解できません。

そこでこの章では、まず日本の経済状況を把握してから、アメリカ経済についても詳しく見ていきます。その後、中国などのアジア諸国や欧州についても触れたいと思います。

「はじめに」や「序章」でも述べたように、私の投資方針は、できれば経済の状況があまり良くないときに、少なくとも過熱していないときに、将来性があり、財務的にも安定している企業の株を購入するというものです。逆に、経済自体や市場が過熱しているときは「売りどき」だと考えています。

それではまず、日本経済についてのマクロ経済分析から始めましょう。客観的に経済を見る目を養うことが大切です。

新型コロナで名目GDPが1割減った！

現在の日本経済を分析するにあたっては、あらかじめ2つのポイントを頭に入れておくことが大事になります。

1つは、**今般《こんぱん》の新型コロナウイルスの世界的パンデミックが日本経済にも大小様々な影響を与えている**点です。もう1つは、**この約30年間、日本経済はほとんど成長していない**という点です。前者は現在の最大のトピックとして、後者は継続的な時代背景として、理解しておいてください。

それでは、まず**「国内総生産（GDP）」**について見てみましょう。

国内総生産には、「名目」と「実質」の2つがあります。

名目GDPは「実額」です。日本で作り出された「付加価値」の実額での総額で、私たちの給料の源泉です。国内総生産を生産面から見れば、企業などの売上金額から仕入れ金額を引いた付加価値の総額ですが、それを分配する面から見ると、作り出された付加価値の5割強が家計に分配されています。ですから、「給与の源泉」であるわけです。

実質GDPは、インフレ・デフレを調整した金額です。左の表で「2015暦年連鎖価格」とあるのは、2015年を参照年として、インフレ・デフレの影響を排除した金額だということです。ですから、金額自体にはあまり意味はなく、見るべきは成長率です。

他国とGDPを比較するときも、**絶対額は名目GDPを、成長率は実質GDPを見る**のが一般的です。

新型コロナの影響を知るために、まず見てほしいのが、2019年7－9月期です。名目GDPは562・9兆円（年率換算）で、これが直近のピークでした。次の10－12月期に555・8兆円に下がっているのは、消費税が8％から10％に増税された影響です。**数字が動くときには必ず何らかの理由があります。**

2020年1月末、中国の武漢が新型コロナの感染拡大を防ぐために封鎖されました。2～3月には日本でも新型コロナの感染が広がり、4月に最初の緊急事態宣言が発出されました。

実質GDPの成長率は、前四半期と比較して年率でどれだけ変化したかを表しています。

1-1　名目GDPはコロナ禍で1割減った

	国内総生産(GDP)(季節調整・年率換算)	
	名目(兆円)	実質(2015暦年連鎖価格)の成長率
2019年 1-3月期	559.3	1.2%
4-6月期	561.5	0.8%
7-9月期	562.9	0.5%
10-12月期	555.8	▲7.5%
2020年 1-3月期	552.9	▲2.3%
4-6月期	510.8	▲28.2%
7-9月期	538.6	22.8%
10-12月期	551.2	11.9%
2021年 1-3月期	545.6	▲3.7%
4-6月期	546.0(1次速報値)	1.3%(1次速報値)

1割減（7-9月期562.9→4-6月期510.8）

出所：内閣府

2019年10－12月期がマイナス7・5％というのは、前の7－9月期より年率で7・5％下がったということです。増税の影響です。2020年1－3月期はさらに2・3％下がり、4－6月にはさらに28・2％下がっています。新型コロナの日本経済への影響のすさまじさが分かります。

2020年4－6月期の名目GDPは510・8兆円で、先ほど述べた直近のピークの562・9兆円から約50兆円下がりました。これは、私たちの給与の源泉が約1割減ったことを意味します。

しかも、一部の業種に偏《かたよ》って大きく減りました。一部の業種とは、ご存じの通り、イベント業や旅行業、航空業、飲食業などです。これらについては、のちほど指標で確認します。

2020年10－12月期の名目GDPは551・2兆円。2020年1－3月期が552・9兆円でしたから、コロナ前に近い水準に戻っています。ただし、その後、緊急事態宣言が発出されたので、2021年1－3月期はまた下がりました。

日本人がお金を使わない本当の理由

厚生労働省が調査して発表している**「現金給与総額　全産業　前年比」**という指標があります。これは、基本給などの所定内賃金と、残業代などの所定外賃金、賞与などを足した1人当たりの給与の総額のことです。

新型コロナの影響が出る前の2020年1月は前年比でプラス1・2％でしたが、2月はプラス0・7％、3月はプラス0・0％とプラス幅が徐々に縮小し、4月にはマイナス0・

1-2 現金給与総額が前年比プラスに

	現金給与総額 全産業 前年比
2017年度	0.4%
2018年度	1.4%
2019年度	▲0.4%
2020年1月	1.2%
2月	0.7%
3月	0.0%
4月	▲0.6%
5月	▲2.3%
6月	▲2.0%
7月	▲1.5%
8月	▲1.3%
9月	▲0.9%
10月	▲0.7%
11月	▲1.8%
12月	▲3.0%
2021年1月	▲1.3%
2月	▲0.4%
3月	0.6%
4月	1.4%
5月	1.9%

出所:厚生労働省

6%、5月にはマイナス2・3%となり、以降もマイナスの数値が続きます。2021年3月にようやくプラス0・6%と、プラスに転じましたが、これが今後も続くのか、指標の動きに注目です。

また、現金給与総額と同様に厚生労働省が調査・発表している**「所定外労働時間　全産業　前年比」**という指標を見ると、最初の

1-3 所定外労働時間は2桁のマイナスが続いた

	所定外労働時間 全産業 前年比
2017年度	1.1%
2018年度	▲1.5%
2019年度	▲1.9%
2020年1月	▲1.9%
2月	▲3.8%
3月	▲6.5%
4月	▲18.9%
5月	▲30.7%
6月	▲23.9%
7月	▲16.2%
8月	▲14.1%
9月	▲13.4%
10月	▲11.1%
11月	▲10.2%
12月	▲7.6%
2021年1月	▲8.0%
2月	▲9.7%
3月	▲1.9%
4月	12.2%
5月	27.6%

出所：厚生労働省

緊急事態宣言が発出された2020年4月以降、2桁《けた》のマイナスの数値が並んでいます。新型コロナウイルスの影響で、これだけ残業が減り、残業代が減った、つまり、収入が減ったということです。

ちなみに、日本人の1人当たりの給与のピークはいつだったと思いますか。驚くなかれ、1997年です。

なんと20年以上もの間、日本人の給与は上がっていないのです。

「約30年間、日本経済はほとんど成長していない」ことを頭に入れておいてほしいと述べましたが、それはつまり、**「GDPが増えない＝給与が増えない」という状況が、約30年間も続いている**ことを意味します。

日本人がお金を使わないのは、貯金しているからではなく、収入が増えないため、使いたくても、使えないからなのです。

好調だった非製造業が奈落の底へ

次に、**「日銀短観業況判断」**を見ます。

日銀短観業況判断とは、「日銀短観（全国企業短期経済観測調査）」の中の「業況判断」という指標です。「『良い％』－『悪い％』」と書いてありますが、これは景気が良くなっていると思うか、悪くなっていると思うかを聞き、全員が「良い」と答えたらプラス100、全員が「悪い」と答えたらマイナス100になるということです。

それらの中間の「さほど良くない」という答えも数値に反映されており、たとえば、「良い」が50％、「さほど良くない」が30％、「悪い」が20％なら、「さほど良くない」の30は省いて、「50－20」で30となります。

この日銀短観業況判断は、「ＤＩ（Diffusion Index）」と呼ばれる景気動向指数の1つです。ＤＩは、良いか悪いかの方向性は示しますが、どの程度かの判断はできないのが難点です。

「大企業　製造業」を見ると、２０１８年3月調査では24です。これは非常に良い数値で、景気が良かったことを表しています。それが米中摩擦などの影響で少しずつ下がり、２０１９年10月の消費税増税後の２０１９年12月調査では0にまで下がりました。

「大企業　非製造業」を見ると、２０１８年3月調査から２０１９年12月調査まで20台の数値がずっと続いています。非製造業にとって、景気が長らく良かったということです。消費税増税の影響もさほどなかったのです。インバウンドによって、観光業や飲食業などの非製造業は、人手不足が言われるほどに景気が良かったことが思い出されます。

これが新型コロナで一変します。非製造業は２０２０年3月調査では8で12ポイント下がり、6月調査ではマイナス17で25ポイントも下がりました。その後もマイナスの数値が続きます。

1-4 コロナ前まで好調だった非製造業の回復が遅い

	日銀短観業況判断「良い%」−「悪い%」	
	大企業 製造業	大企業 非製造業
2018年3月調査	24	23
6月調査	21	24
9月調査	19	22
12月調査	19	24
2019年3月調査	12	21
6月調査	7	23
9月調査	5	21
12月調査	0	20
2020年3月調査	▲8	8
6月調査	▲34	▲17
9月調査	▲27	▲12
12月調査	▲10	▲5
2021年3月調査	5	▲1
6月調査	14	1

出所:日本銀行

これに対して製造業は、2021年3月調査でプラスに転じ、6月調査では14にまでなりました。非製造業も1とプラスにはなりましたが、回復度合いは明暗が分かれています。

つまり、新型コロナによって製造業も悪影響を受けましたが、それ以上に、コロナ前は好調だった非製造業が大きな影響を受け、業績が急激に悪化し、その状況がいまも続いているのです。

息も絶え絶えの旅行業

それでは、非製造業の具体的な状況を見てみましょう。

観光庁は、主要旅行会社に海外旅行とインバウンド、国内旅行の取扱状況を報告させています。それを指標化したのが**「旅行取扱状況　前年比」**です。

2020年1月は前年比マイナス4・8％ですが、インバウンドが激減した2月はマイナス18・9％、3月は春休みの時期にもかかわらず国内旅行や出張も自粛が促された影響でマイナス71・4％、最初の緊急事態宣言が出た4月はマイナス95・5％、5月はマイナス97・6％という驚きの数値です。これでは旅行会社の経営がもちません。

そこで7月に「Go To トラベル」キャンペーンが始まりましたが、それでも7月はマイナス87・4％、8月はマイナス86・3％でした。10月1日に東京を発着する旅行もGo To トラベルの対象になったことで、10月はマイナス65・7％、11月はマイナス55・5％と、ようやく少しもちなおしましたが、それでも前年の半分以下です。

しかも、旅行取扱状況のおよそ65％が国内旅行で、Go To トラベルであれだけ人が移

1-5 旅行・百貨店の苦境が続く

	旅行取扱状況 前年比 （暦年）		全国百貨店 売上高 前年比
2017年	▲4.4%	2017年度	0.1%
2018年	▲1.2%	2018年度	▲0.8%
2019年	▲7.7%	2019年度	▲4.8%
2020年1月	▲4.8%	2020年1月	▲3.1%
2月	▲18.9%	2月	▲12.2%
3月	▲71.4%	3月	▲33.4%
4月	▲95.5%	4月	▲72.8%
5月	▲97.6%	5月	▲65.6%
6月	▲92.9%	6月	▲19.1%
7月	▲87.4%	7月	▲20.3%
8月	▲86.3%	8月	▲22.0%
9月	▲78.9%	9月	▲33.6%
10月	▲65.7%	10月	▲1.7%
11月	▲55.5%	11月	▲14.3%
12月	▲64.6%	12月	▲13.7%
2021年1月	▲87.4%	2021年1月	▲29.7%
2月	▲85.9%	2月	▲10.7%
3月	22.5%	3月	21.8%
4月	255.2%	4月	167.0%
5月	284.1%	5月	65.2%
6月	67.3%	6月	▲1.6%

2021年3月から上向いているように見えるが、大きく落ち込んだ前年と比べた数字なので、元の水準には回復していない。

出所：「旅行取扱状況」は観光庁、「全国百貨店売上高」は日本百貨店協会

動したにもかかわらず、その恩恵にあずかれたのはほんの一部に過ぎませんでした。それは、高級ホテルや高級旅館です。予約ができないほど盛況になり、過去最高の売上高になった高級ホテルもありました。

他方、ビジネスホテルや一般的なホテルや旅館などは、相変わらず閑古鳥《かんこどり》が鳴いており、業績が回復しませんでした。

新型コロナのワクチン接種が進み、感染が抑えられれば、またＧｏ Ｔｏ トラベルが行われると思いますが、こうした結果をしっかりと分析し、本来救うべき多くの中小のホテルや旅館、旅行会社が救われる制度内容にしてほしいものです。

指標に戻りましょう。

２０２１年４月はプラス２５５・２％になっていますが、この数値は前年比ですから、２０２０年４月に95・５％減った金額に対してです。つまり、２０１９年４月を１００とすれば、２０２０年４月が４・５で、２０２１年４月はそれから２５５・２％増えて約16になったということです。いまだ一昨年の16％に過ぎないのです。

旅行会社は新型コロナによって息も絶え絶えの状況であることが指標から分かります。

実際、近畿日本ツーリストを傘下《さんか》にもつKNT－CTホールディングスは、大幅な増資を行っています。HISは、増資したうえに、本社不動産の売却も行いました。資金調達しないと経営がもたないからですが、そうしても、コロナの影響がどれだけ長引くかによっては、厳しい状況が続くことも考えられます。それほどまでに厳しい経営環境に、旅行会社は追い込まれています。

そして、こうした厳しい経営環境に追い込まれているのは、旅行業だけではなく、程度の差こそあれ、ホテル・旅館業も、航空業も、一部の飲食業も同様です。

新型コロナで未来が早くやってきた

次に、日本百貨店協会が調査・発表している**「全国百貨店売上高　前年比」**を見てみましょう。

2020年4月、最初の緊急事態宣言が出たとき、百貨店は、地下の食料品売り場以外は閉まりました。その影響で、4月は前年比マイナス72・8％、5月はマイナス65・6％と大きく落ち込み、その後はマイナス20％前後の数値が並んでいます。

10月がマイナス1・7％と、マイナス幅が小さいのは、前年の10月に消費税が10％に増税され、マイナス17・5％になっているからです。「そこからさらに減った」という見方をする必要があります。

2021年3月にプラスに転じ、4月はプラス167・0％ですが、2019年4月を100とすれば、2020年4月が27・2で、そこからプラス167・0％になっても約72・6ですから、まだ2019年3月の7割ほどにしか戻っていません。

2021年5月も、2019年5月の約57％です。

百貨店も厳しい経営環境に置かれていることが指標から分かります。

ただ、私は、「新型コロナで未来が早くやってきた」と思っています。

たとえば、働き方もテレワークが当たり前になりました。それまで日本政府が働き方改革と称してテレワークを推進していましたが、まったく進みませんでした。それが、新型コロナによって一気に進みました。つまり、未来が早くやってきたのです。

全国百貨店売上高は、現在、ピーク時の約半分しかありません。地方には百貨店がない県もあります。これは、地方経済が疲弊《ひへい》して、百貨店を支えられなくなったからです。

もちろん、東京の銀座や新宿、大阪の心斎橋や梅田、また、札幌、名古屋、福岡などの大都市の百貨店は、今後もなくならないでしょう。しかし、地方では、経済力が弱いところから順に百貨店がなくなっていくことになります。

現在、業績がどん底の旅行業や飲食業ですが、これらの業種の業績は、ワクチン接種が進み、特効薬ができ、新型コロナが終息すれば、間違いなく回復します。なぜなら、旅行や移動、飲む・食べるは、人間の本能だからです。

しかし、**百貨店の売上高は元には戻らないでしょう。**この点でも、新型コロナで未来が早くやってきたと私は見ています。

最初の緊急事態宣言が出たとき、通勤電車がガラガラになりましたが、これも日本の未来の姿ではないでしょうか。労働力人口は今後ますます減り、かつテレワークが増えれば、通勤する人は格段に減るからです。

新幹線などは、インバウンドの観光客が戻ってくれば業績の回復が期待できますが、通勤電車の業績は今後もじり貧が予想されるということです。

株式投資を行うなら、こうした未来が早くやってきた状況をつぶさに観察し、変化に対応

できている企業とできていない企業を見極めなくてはなりません。

当たり前ですが、業績が回復すると予想されている企業は、すでに株価が上がっています。それでも、またいつ「〇〇ショック」が起きないとも限りません。しっかりと変化に対応できている企業とそうでない企業を見極め、対応できている優良企業の企業分析を日頃から行っておき、買いどきがきたところで買う。これが私の投資スタンスです。

物価はこれから上がる？　下がる？

次に、物価について見ていきましょう。

物価指標からも、今後、業績の回復が見込まれる企業とそうでない企業に分かれることが予想されます。

「消費者物価指数（生鮮食品除く総合）前年比」は、総務省が調査して発表している指標で、私たちが買うものの物価を表しています。

最初の緊急事態宣言が出た２０２０年４月以降を見ると、ゼロ、あるいはマイナスの数値

1-6 消費者物価が伸びず、原価を価格に転嫁できない企業は苦境に

	消費者物価指数（生鮮食品除く総合）前年比	輸入物価指数前年比	国内企業物価指数前年比
2017年度	0.5%	9.6%	2.7%
2018年度	0.9%	6.5%	2.2%
2019年度	0.6%	▲6.1%	0.1%
2020年1月	0.8%	▲0.8%	1.5%
2月	0.6%	▲1.9%	0.7%
3月	0.4%	▲7.8%	▲0.5%
4月	▲0.2%	▲13.5%	▲2.5%
5月	▲0.2%	▲18.4%	▲2.7%
6月	0.0%	▲16.1%	▲1.6%
7月	0.0%	▲12.7%	▲1.0%
8月	▲0.4%	▲11.1%	▲0.6%
9月	▲0.3%	▲10.3%	▲0.8%
10月	▲0.7%	▲10.9%	▲2.1%
11月	▲0.9%	▲10.7%	▲2.3%
12月	▲1.0%	▲9.8%	▲2.0%
2021年1月	▲0.7%	▲7.2%	▲1.5%
2月	▲0.5%	▲3.0%	▲0.6%
3月	▲0.3%	5.8%	1.2%
4月	▲0.9%	15.4%	3.9%
5月	▲0.6%	25.9%	5.1%
6月	▲0.5%	28.4%	5.0%
7月	▲0.2%	27.9%（速報値）	5.6%（速報値）

企業にとって、「国内企業物価指数」は仕入れ値、「消費者物価指数」は売り値に当たる。

出所：「消費者物価指数」は総務省、「輸入物価指数」「国内企業物価指数」は日本銀行

が続いています。つまり、物価が下がるデフレが継続しているということです。

一方、日銀が調査・発表している**「輸入物価指数　前年比」**を見ると、2020年4月以降、2桁のマイナスが並んでいますが、徐々にマイナス幅が縮小し、2021年4月はプラス15・4%と、2桁のプラスになっています。なぜでしょうか。

それは、世界的に新型コロナのワクチン接種が進み、経済が回り始めたからです。アメリカでは「ウッド・ショック」が起こりました。住宅を建てる人が急激に増えたため、木材の価格が高騰《こうとう》したのです。この影響で、日本の木材価格も上がりました。

次に、日銀が調査・発表している**「国内企業物価指数　前年比」**を見ると、2021年3月にプラスに転じ、その後、プラス幅が大きくなっています。国内企業物価指数は、かつて卸《おろし》売《うり》物価指数と呼ばれていたように、企業の仕入れ価格を表しています。

つまり、消費者物価は下がり続け、一方、輸入物価は上昇、企業の仕入れ価格も上がり始めているということです。

これによって、どのようなことが起きているのでしょうか。

たとえば吉野家は、牛丼の牛肉をアメリカから輸入しています。その輸入価格が上昇しているにもかかわらず、日本では消費者物価が上昇しないほど景気が弱く、牛肉の価格上昇分を牛丼の価格に反映させる、つまり値上げすることができないと言えます。

吉野家の牛丼のような日々の食べ物や日用雑貨は、競争相手も多く、日本の景気が弱いため、なかなか値上げすることができないのです。そのために業績が悪化している企業が多々あります。

その一方で、木造住宅の建築費は約1割が木材価格だと言われていますが、大手住宅メーカーの積水ハウスや大和ハウス工業は、木材価格の上昇分を住宅価格に転嫁《てんか》せざるを得ないと言っています。住宅は何十年に一度の買い物ですから、多少値上がりしても消費者は購入します。だから、値上げが可能なのです。

値上げができる企業とできない企業を見極めることも、投資家には重要になります。

今後、日本の物価が上がるのか、下がるのかと聞かれたら、「輸入物価と企業物価の上昇に押されるかたちで、消費者物価も非常に弱いながらも上がり始めるのではないか」と答えます。これはあくまで私の仮説ですので、みなさんも指標を見て、自分なりの仮説を立ててください（消費者物価指数は2021年8月に算出方法が改定され、さらに低下することになりました）。

景気の動きを示す「景気動向指数」

日本の景気が弱いため値上げができないと述べましたが、それも指標で確認しておきましょう。

内閣府が調査・発表している**「景気動向指数（CI）」**は、生産や雇用など、様々な経済活動を表す指標の中から、景気に敏感に反応すると考えられる29種類の指標の動きを統合したものです。

CIは、Composite Indexの頭文字で、変化の方向と量を同時に示すことができます。計算方法は複雑なので説明を省きますが、基準となる年の水準を100とし、その基準年に比べてどれだけ変化しているかを表しています。

景気動向指数には、**「先行指数」「一致指数」「遅行指数」**の3つがあります。景気を先取りして動く「新規求人数」や「東証株価指数」などを対象にしているのが先行指数で、景気とほぼ同時に動く「鉱工業生産指数」や「有効求人倍率」などを対象にしているのが一致指数、景気に遅れて動く「法人税収入」や「完全失業率」などを対象にしているのが遅行指数

1-7　景気動向指数（CI）には回復の兆しが

	景気動向指数（CI）	
	先行	一致
2019年10月	91.5	96.7
11月	90.6	95.8
12月	91.2	95.3
2020年1月	90.2	95.0
2月	90.9	93.9
3月	85.6	90.4
4月	79.9	80.8
5月	77.8	73.7
6月	83.6	77.9
7月	87.2	81.0
8月	89.6	82.3
9月	93.2	85.0
10月	95.1	88.6
11月	97.1	88.8
12月	97.5	89.2
2021年1月	98.3	91.4
2月	99.2	89.9
3月	102.4	92.9
4月	103.8	95.3
5月	102.6	92.1
6月	104.1	94.0

出所：内閣府

です。

ここでは、2019年10月以降の先行指数と一致指数を見てみましょう。

新型コロナの影響を受ける前の2020年2月までは、先行指数、一致指数とも90を超えていました。消費税が10％に上がったこともあり、景気が良いとは言えないまでも、それほど悪いわけでもない状況だったことが分かります。

その後は下がり、5月は先行指数、一致指数とも70台になりますが、ここが底で、その後は上がっています。2021年3月には先行指数が102・4と、100を超えました。これは、今後少しずつ景気が回復していく可能性があることを示しています。

新型コロナのワクチン接種が進んでいる欧米で経済が回り始めているように、日本でもワクチン接種が順調に進めば、2021年後半には景気が回復する可能性があると私は見ていますが、現在の景気は弱いと言えるでしょう。また、変異株などの影響が出れば、回復は間違いなく遅れます。

「設備投資」と「機械受注」で将来の景気が分かる

日本の今後の景気を知るためには、企業の投資動向についても見ておく必要があります。**企業の設備投資は日本のGDPの約15%を占めていますので、家計支出ほどではないですが、それでもGDPに大きな影響を与えます。**

財務省が調査・発表している**「法人企業統計」**は、資本金1000万円以上の営利法人の

1-8 設備投資はマイナスが続くも営業利益は上向いてきた

	法人企業統計	
	設備投資 前年比	営業利益 前年比
2017年度	6.2%	14.8%
2018年度	7.5%	0.4%
2019年1-3月期	6.9%	9.7%
4-6月期	▲1.7%	▲8.8%
7-9月期	7.7%	▲5.3%
10-12月期	▲5.0%	▲9.7%
2020年1-3月期	▲1.4%	▲30.9%
4-6月期	▲10.4%	▲64.8%
7-9月期	▲11.6%	▲39.0%
10-12月期	▲6.1%	▲2.0%
2021年1-3月期	▲9.9%	17.8%

出所：財務省

仮決算を調査する「四半期別調査」と、資本金に関係なく営利法人の確定決算を調査する「年次別調査」があります。四半期別調査は、毎年3月、6月、9月、12月に発表され、年次別調査は9月に発表されます。

「売上高」や「営業利益」「経常利益」「設備投資」「在庫投資」「自己資本比率」などの調査結果が発表されますが、ここでは、企業が機械や工場などの有形固定資産へ投資した**「設備投資　前年比」**（ソフトウエア投資額を除いたもの）を見てみましょう。

この指標は、プラスであれば企業が設備投資を増やしていることを表し、逆に、マイナスであれば設備投資が減っていることを表します。主に製造業の現在の投資活動を知るのに適した指標です。もちろん、設備投資は将来の業績にも影響します。

２０１７年度は６・２％、２０１８年度は７・５％と前年比プラスですが、２０１９年10－12月期以降は前年比マイナスが続いています。この指標を見る限り、力強い景気の回復はまだ少し先だと言えるでしょう。

次に、内閣府が調査・発表している**「機械受注（船舶・電力を除く民需）前年比」**を見てみましょう。この指標は、産業用の機械メーカー２８０社の受注額を集計したものです。「船舶・電力を除く」というのは、造船会社や電力会社からの受注は規模が大きく、あるなしで数値が大きく変わってしまうので、集計から除外されているということです。

機械受注は、企業が設備投資のための機械を発注する段階の数値ですから、設備投資よりもさらに半年ほど早い段階をとらえているため、実際の設備投資や日本経済全体の先行指標として常に注目されている指標です。

この指標も、プラスであれば機械受注が増えていることを表し、マイナスなら減っていることを表します。

1-9 先行指標の機械受注はあまり伸びず

	機械受注(船舶・電力を除く民需)前年比
2017年度	▲0.8%
2018年度	2.8%
2019年度	▲0.3%
2020年1月	▲0.3%
2月	▲2.4%
3月	▲0.7%
4月	▲17.7%
5月	▲16.3%
6月	▲22.5%
7月	▲16.2%
8月	▲15.2%
9月	▲11.5%
10月	2.8%
11月	▲11.3%
12月	11.8%
2021年1月	1.5%
2月	▲7.1%
3月	▲2.0%
4月	6.5%
5月	12.2%

出所:内閣府

新型コロナの影響を受けて2020年は前年比でマイナスの数値が並んでいます。プラスの月もいくつかありますが、それは前年がマイナスだったから。この指標から見ても、残念ながら日本の景気は弱く、回復は読み取れません。

ただし、先ほどの法人企業統計の「営業利益　前年比」を見ると、新型コロナでマイナスが続いていましたが、2021年1−3月期はプラス17・8%になりました。つまり、利益は回復し始めています。

このことを勘案すると、設備投資や機械受注も、いまは抑え気味ですが、おそらく景気の本格的な回復を待っているのではないでしょうか。

意外にも倒産が減っているのはなぜか？

東京商工リサーチが調査・発表している**「企業倒産件数」**という指標があります。新型コロナで、さぞ倒産件数が増えているだろうと思って見てみると、新型コロナ前、月平均約700件、年8000件を超えていた倒産件数は、新型コロナ後、明らかに減っており、実は歴史的にも低い水準です。

さて、なぜでしょうか。理由は、日銀が金融緩和をさらに拡充し、世の中のお金をじゃぶじゃぶにして、民間銀行が新型コロナ対策の融資をしやすくしていることや、助成金が多く出ていることとです。資金繰りに行き詰まって倒産するケースが減っているのです。

その一方で、飲食店などは倒産せずに廃業しているところが多いのではないかと言われています。みなさんの身近でも、閉じてしまった飲食店がいくつかあるのではないでしょう

1-10 コロナ禍の時期の企業倒産件数は少ない

	企業倒産件数（件）
2017年度	8,405
2018年度	8,235
2019年度	8,383
2020年1月	773
2月	651
3月	740
4月	743
5月	314
6月	780
7月	789
8月	667
9月	565
10月	624
11月	569
12月	558
2021年1月	474
2月	446
3月	634
4月	477
5月	472
6月	541

出所：東京商工リサーチ

か。

日本の創業率と廃業率はともに5%程度ですが、欧米ではどちらも10%を超えています。創業率と廃業率が低いのも日本が成長できない理由の1つで、補助金などの救済策が多いため企業の新陳代謝が進んでいません。

日本には、利益が出ていないため法人税を払っていない企業が、全体の65%もあります。おかしいとは思いませんか。日本の65％もの企業は税金を払わずに生き延びているのです。

ゆがんだ企業政策がゾンビみたいな企業を増やしていると言え、たいした収益もあげず税金も払わない零細企業が成長することなく生き残っています。

本来であれば、欧米のような新陳代謝が起きる政策をとるべきで、たとえば企業の統廃合を進めやすい税制や、つぶれた企業が復活しやすい税制にしたほうがいい。そうすれば、日本の人的資源をはじめとした様々な資源が適正に配分されることになります。

銀行は新型コロナで業績が良化？

製造業も、非製造業も、新型コロナで大打撃を受けましたが、銀行は一息つきました。どういうことでしょうか。金融関連の指標を見ていきましょう。

日銀が調査・発表している**「銀行貸出残高　前年比」**を見ると、それまで2％台だったのが、2020年4月の3・1％以降、顕著《けんちょ》に伸びていることが分かります。これは、新型コロナで業績が悪くなった企業が資金を確保するために借り入れを増やしたからです。

1-11 コロナ禍で銀行貸出残高が伸びた

	銀行貸出残高 前年比
2017年度	2.8%
2018年度	2.2%
2019年度	2.2%
2020年1月	2.0%
2月	2.2%
3月	2.2%
4月	3.1%
5月	5.1%
6月	6.6%
7月	6.4%
8月	6.6%
9月	6.2%
10月	5.9%
11月	5.9%
12月	5.9%
2021年1月	5.7%
2月	5.8%
3月	5.9%
4月	4.2%
5月	2.2%
6月	0.7%
7月	0.5%

出所：日本銀行

日銀も、新型コロナ対策で貸出を増やした銀行に対しては、日銀当座預金の金利を優遇しました。日銀当座預金とは、金融機関が日銀にもっている当座預金のことです。

貸出が増えず、ゼロ金利にあえいでいた銀行は、新型コロナによって貸出が増え、日銀に預け入れているお金の金利も上がったため、ダブルで儲かった

1-12 新発10年国債利回りがプラスに

	新発10年国債利回り（期末・年利）
2017年度	0.049%
2018年度	0.035%
2019年度	▲0.119%
2020年1月	▲0.065%
2月	▲0.155%
3月	0.005%
4月	▲0.040%
5月	0.000%
6月	0.030%
7月	0.010%
8月	0.045%
9月	0.015%
10月	0.040%
11月	0.030%
12月	0.020%
2021年1月	0.055%
2月	0.150%
3月	0.120%
4月	0.090%
5月	0.080%
6月	0.050%
7月	0.015%

出所：日本相互証券

のです。

「新発10年国債利回り」（期末）を見ると、新型コロナ前まではマイナスでしたが、2020年6月以降はプラスになっています。

　これは、新発10年国債を買って、満期までもち続けると損をしていたのが、若干《じゃっかん》ですがプラスになるようになったということです。

これも銀行にとって経

営改善につながります。そして、いまのところ、倒産も多くありません。

将来への不安は大きいですが、銀行だけは、短期的には「新型コロナさまさま」だったのです。

日本リスクに注意せよ

現金通貨と日銀当座預金の合計の**「マネタリーベース（平均残高・前年比）」**は、日銀が直接コントロールできる資金のことですが、これを見ると、新型コロナ以後、どんどん増やしていることが分かります。これが、先ほど述べた「世の中のお金をじゃぶじゃぶにしている」ことの証《あかし》です。

これは、日銀が大きなリスクをとって銀行を支えていることを意味しますが、はっきり言って限界を超えた危険水域に入っています。

日本政府も新型コロナ対策で、一般会計予算約102兆円に対して、約76兆円もの補正予算を組みました。その大部分は国の借金で、国債を日銀が買うことで、実質的に政府の借金を肩代わりしている構図になっています。日本リスクは非常に大きくなっているのです。

1-13 コロナ対策でマネタリーベースの伸びが顕著

	マネタリーベース 平均残高・前年比
2017年度	14.2%
2018年度	5.9%
2019年度	3.3%
2020年1月	2.9%
2月	3.6%
3月	2.8%
4月	2.3%
5月	3.9%
6月	6.0%
7月	9.8%
8月	11.5%
9月	14.3%
10月	16.3%
11月	16.5%
12月	18.3%
2021年1月	18.9%
2月	19.6%
3月	20.8%
4月	24.3%
5月	22.4%
6月	19.1%
7月	15.4%

出所:日本銀行

アメリカも同様に新型コロナ対策で資金量を増やし、ゼロ金利を始めましたが、ワクチン接種が進んでいることから、中央銀行に当たるFRB（連邦準備制度理事会）がこれまで行ってきた金融緩和政策を段階的に引き締め終了に向かわせる「テーパリング」の議論が始まっています。早ければ、2021年内にもテーパリングが始まります。

しかし、日本はまだそんな議論ができるような状況になく、今後さらにリスクが高まる可能性があります。序章で日本リスクについて述べましたが、日本リスクは今後もさらに高まる可能性が高く、日本にだけ投資することはその高いリスクをまるまる引き受けることになります。**日本リスクを回避するために、海外投資や、先に話したように、日本企業でも海外で活躍する企業への投資もある程度行うべきでしょう。**


それだけ日本リスクが高まっても、日本政府は破綻しません。なぜなら、日本には個人金融資産が2000兆円ほどあるからです。預金だけでも1000兆円以上ありますので、財産税を課せば約1200兆円ある借金をかなり返すことができます。

ただし、個人は財産を失います。第二次世界大戦直後に起きたハイパーインフレや、新円切り替え時に行った財産税課税と同じです。投資家なら、こうした日本リスクをきちんと認識しておくことが重要です。

日銀の「異次元緩和」は効果があったのか？

日銀は、現在もインフレ目標を2％に置いていますが、その実現は夢のまた夢です。2013年4月に日銀が言うところの「量的・質的金融緩和」、いわゆる「異次元緩和」を始めてから、実に6回も目標達成予定時期を先送りし、「2019年度ごろ」としていた達成時期を、2018年には「経済・物価情勢の展望（展望リポート）」から、とうとう削除してしまいました。

当初は2年で終わるはずだった日銀の異次元緩和ですが、もう8年以上になります。果たして日本の経済にどれだけの効果があったのでしょうか。効果とともにリスクも見ておかなければなりません。

異次元緩和は、日銀券（紙幣）と日銀当座預金の合計であるマネタリーベースを、2年後の2015年3月までに2倍に増やすというかたちで始まりました。

マネタリーベースは、その予定以上に、大幅に増え続けています。コロナ禍《か》前は徐々に伸び率の数字が小さくなっていきましたが、これは分母が大きくなったからで、当初135兆円程度だったのが、最近では650兆円前後まで、実に5倍近くにまで増えています。

一時期、「さすがにリスクが大き過ぎる」と言われて増加量が抑制されていたのですが、新型コロナ対策でまた資金量を急激に増やし始めました。2020年8月以降は前年比で2桁増となっており、直近の2021年7月はプラス15・4％となっています。

異次元緩和によって円安株高になったので、日本経済に一定の効果はあったと言えるでしょうが、その効果をはるかに超えるリスクが高まっています。投資をするときにも、このリスクを十分に認識しておく必要があります。

日銀が国債を大量に買っているため、市場で国債の流通量が減り、国債価格が変動しにくくなっています。

また、それと同時に国債の金利も異常に低く抑えられ、国債金利で利益を上げていた生命保険会社や銀行、証券会社などの収益が大きく悪化しました。特に、地方銀行や信用金庫にとっては死活問題です。預金を多く持っている個人も大損です。

日本は巨額の財政赤字を抱えていますから、金融がおかしくなると、インフレ率が急激に

上がったり、それに伴って金利が急上昇したりする可能性があります。金利が跳ね上がれば、国債の利払い費も増加し、よりいっそう財政が悪化して、政府は窮地に立たされます。

また、国債を大量に保有している日銀はもちろん、国債を保有する金融機関などは、多額の含み損を抱えることになります。日銀が実質「債務超過」ということにもなりかねません。

金融市場全体がいびつになり、ゆがんだ状態が長く続いています。いびつなものはどこかで元に戻ろうとするはずです。その反動は非常に大きなインパクトを金融市場にもたらす可能性があるのです。

このように異次元緩和は効果よりもリスクのほうがはるかに大きくなっており、正常な状態に戻していく必要があるのですが、もともと多額の財政赤字のせいで出口が見えなかったのに加え、新型コロナによってその出口は間違いなくさらに遠のきました。

日本国債が暴落しない2つの理由

日本は1200兆円を超える財政赤字を抱えているにもかかわらず、日本国債の価格は暴落することなく安定しています。これには2つの理由が考えられます。

1つは、国債の9割以上が国内で消化されているから。国債が暴落して損をするのは日本国民のため、海外の投資家は日本国債に興味も関心もないということです。違う言い方をすれば、先ほど述べた「財産税」を課すことで問題は解決するのです。

もう1つは、経常黒字を稼げているから。財務省が発表している**「国際収支」**は、大きく**「経常収支」**と「資本移転等収支」、**「金融収支」**の3つに分かれます。経常収支は海外からの「稼ぎ」です。この経常収支を見ると、黒字が継続しています。経常黒字が継続していることで、日本国債の価格は暴落せずに安定しているのです。

また、経常収支はさらに**「貿易・サービス収支」**と**「所得収支」**に分かれるのですが、貿易・サービス収支を見ると、新型コロナの影響で2020年4～7月はマイナスですが、それ以後は2021年1月、4月、5月を除いてプラスで、こちらも安定的に黒字です。「所得収支」は海外に投資した株式や債券から得られる配当や金利ですが、海外への投資が進んだこともあり、こちらは毎年10兆円を超える黒字となっています。日本の稼ぎの構造が以前と大きく違っていることにも注意が必要です。

金融収支についても触れておくと、金融収支とは「日本から海外への投資や資本移転」の

1-14 日本の経常収支は黒字基調だが、海外への直接投資(日本からの流出)が続く

	経常収支 IMF方式 (億円)	貿易・サービス収支 IMF方式 (億円)	直接投資 IMF方式 (億円)
2017年度	223,995	40,397	147,206
2018年度	193,980	▲6,514	207,680
2019年度	189,273	▲12,332	191,570
2020年1月	5,519	▲12,383	18,366
2月	30,605	10,936	11,580
3月	19,299	215	18,669
4月	2,065	▲17,146	18,423
5月	10,685	▲7,837	10,728
6月	1,483	▲2,961	▲17,770
7月	15,352	▲2,654	20,246
8月	20,852	782	5,859
9月	16,639	6,984	1,762
10月	21,108	5,864	8,881
11月	18,949	4,428	4,634
12月	12,791	6,522	11,214
2021年1月	6,689	▲5,780	17,071
2月	29,427	4,747	11,326
3月	26,493	9,433	13,991
4月	13,218 (速報値)	▲6,653 (速報値)	23,444 (速報値)
5月	19,797 (速報値)	▲2,534 (速報値)	11,000 (速報値)
6月	9,051 (速報値)	3,022 (速報値)	▲628 (速報値)

出所:財務省

額から、「海外から日本への投資や資本移転」の額を引いたものです。

この金融収支の中に**「直接投資」**という項目があり、これは外国企業の10％以上の株式を取得した場合など、企業を支配するための投資のことです。

この直接投資を見ると、ほぼずっとプラスの数値が並んでいますが、これは日本から海外へ出て行くお金のほうが多いことを表しています。これは長期のトレンドで、２０１８年度は20兆円を超えています。

日本企業は積極的に海外へ進出したり、外国企業を買収していますが、海外の企業は日本への進出を控えたり、日本企業をあまり買収していないということを意味しています。

仮説を立てることで「相場観」を養う

日本だけが異次元緩和を続けるとなると、日本の異常さが際立ち、円が売られるかもしれません。

逆に、国際情勢が緊迫化して「有事の円買い」が起こるという仮説も立てられます。

１９８０年代、私が東京銀行で為替の取引をやっていたころは、「有事のドル買い」と言われていました。戦争や紛争などの国際的な危機が起こる、または起こりそうになると、安全資産とされていた米ドルが買われたからです。

ところが、いまは「有事の円買い」と言われています。これはおそらく、生命保険会社などの日本の機関投資家が、各社とも兆円単位という巨額の対外金融資産をもっていることから、何か危機が起きたときには、為替の変動リスクを避けるために、自国通貨に資産を移すことで外貨売り＝円買いが進むと考えられているからではないでしょうか。

円が上がり始めると、その波に乗ろうとするディーラーもいますから、余計に円高が増幅されます。

これらは仮説ですが、**仮説を立てて経済を見ていると、相場観が養えます**。円安になるのか、円高になるのか、それによってどの企業の株価が影響を受けるのか。いろいろなことを考えることで、相場観が少しずつ培《つちか》われていくのです。

相場観は1年や2年では養えません。だから、若いときから、失ってもいい程度の少額、数万円でいいので、実際に投資を行うことをおすすめします。投資すると関心の度合いが違いますし、仮にその数万円を失ったとしても、それは自分への投資だったと考えればいい。

何千万円という退職金をもらって定年退職後に投資を始める人がいますが、そのときから始めたのでは遅いのです。なぜなら、相場観が養われていないから。相場観が養われていない人が投資を始めると、高い確率で失敗します。

そうした失敗をしないためにも、少額でいいので、若いときから投資をすることをおすすめします。自分のお金を投資すれば、その企業のことはもちろん、その業界や経済全般に関しても興味や関心をもつようになり、勉強するようになります。

こうした経験を積みながら、少しずつ金額を増やし、相場観を養っていけば、10年後、20年後には、その実力を上げ、いっぱしの投資家になれると私は思っています。

為替の動きにも要注意

為替は日本経済や株価などに大きな影響を与えるので、常に注意を払って見ておく必要があります。そして、過去の相場を頭に入れておくことも大事なので、ここで見ておきましょう。

115ページのグラフは、1980年から現在までの約40年間のドル円相場の推移です。

若い人たちはまったく知らないと思いますが、1980年代前半は、1ドル200円を超えていました。私が東京銀行でお客さま相手のディーリングをしていたときには240円程度でした。それが、1985年9月のプラザ合意によって150円前後となり、1995年には、一時、100円を切ります。その後、円安に振れ、1998年に130円台となったあとは、上げ下げを繰り返しました。そして、2008年のリーマン・ショック後は円高が進み、2011年には80円を切りました。

こうして見ると、ここ20年は80円くらいから130円くらいの間で、105円が真ん中ですから、それと比べると2021年8月現在の110円前後は若干円安と言えるでしょうか。

また、長期の視点から見ると、**ドルやドル建ての金融商品を買うなら80〜90円台のときが「買いどき」**だということは、覚えておいて損はないでしょう。私も以前、80円前後で少しドルを買いました。

トヨタ自動車は、1円円安になると約400億円利益が増えると言われています。逆に1円円高になれば約400億円の利益が吹っ飛ぶわけですから、その影響の大きさが分かりま

1-15 過去40年間のドル円相場の推移(1USドル)

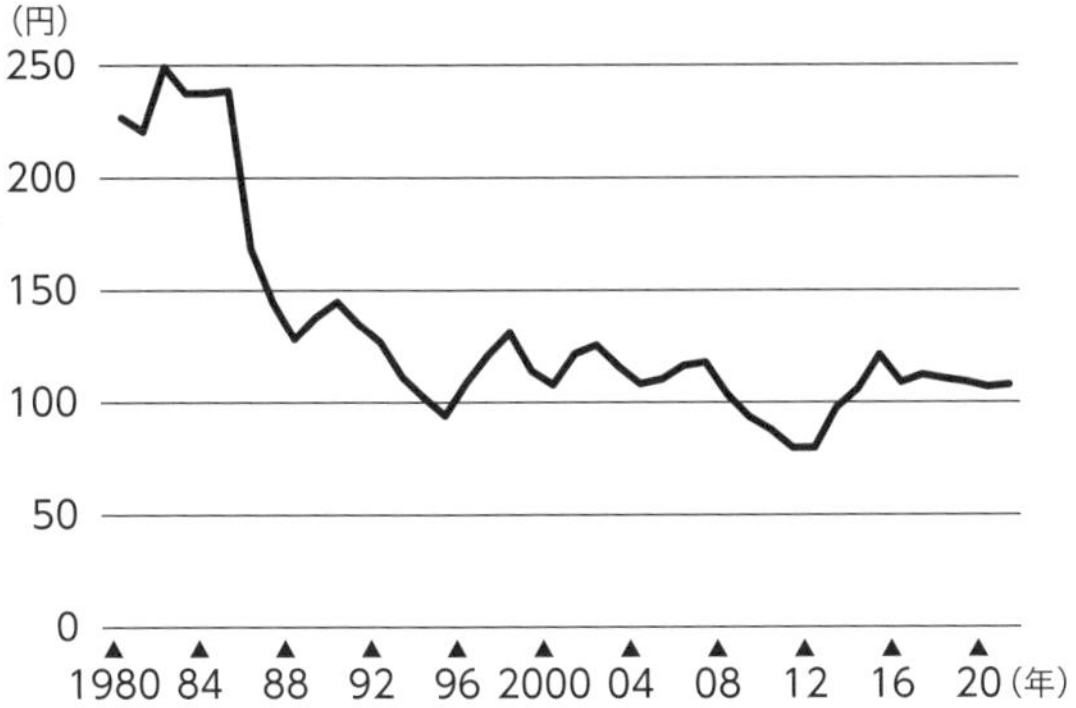

※年間の平均レート。2021年の数値は1月〜最新月の平均レート

す。

トヨタはグローバル企業ですから、アメリカで販売する車はアメリカやその近隣国で生産していますし、アジアで販売する車はアジアでつくっています。昔ほど日本でつくった車を輸出しているわけではないので、為替の影響は受けにくくなっていると思われがちですが、実はそうではありません。日本で決算を発表するため、最終的な利益は円に換算されるので、為替の影響をこれだけ大きく受けるのです。

為替相場は、基本的にはその国のファンダメンタルズで動きます。つまり、日本の景気が良ければ円高に、悪ければ円安に振れます。ただ、それだけでなく、欧米との金融政策の違いや、それによる金利差や国際情勢といった外部要因にも大きな影響を受け、また、それに投機資金も加わるので、為替の予測はなかなか難しいものです。

企業は期初に、円相場の予想価格（想定レート）を決め、その価格での利益予想などを発表しますが、想定レートが外れて大きく利益を減らしたり、思いもかけず増えたりするのはこのためです。

もし金利が3％ついていたら……

序章でも述べましたが、私が就職した1980年代前半ころは、1年の定期預金でも5％の金利がつきました。バブル以前の時代ですが、そこまでいかなくとも、2～3％程度の金利が本来は適正ではないでしょうか。

日本の個人金融資産は2000兆円程度で、預貯金が1000兆円以上ありますが、もし1000兆円に年3％の金利がついていたら、国民は毎年30兆円を受け取ることができます。それが10年続けば300兆円、20年なら600兆円です。

しかし、日銀がゼロ金利政策を行っているため、この数百兆円のお金は家計に入りませんでした。家計が割を食っているのです。

特に、高齢者が割を食っています。65歳以上の高齢者世帯の平均貯蓄額は、内閣府によると約2300万円で、もし年3％の金利がついていたら、年約70万円、税金を払っても年55万円前後が受け取れた計算になります。

消費が伸びないのには、こうしたお金が入ってこないことも関係しているのです。

国民が損をしている一方で、では、誰が得をしているのでしょうか。

言うまでもなく、借金まみれの政府と借金まみれの企業です。

つまり、**普通なら国民が受け取れた所得が、知らず知らずのうちに借金の多い政府や一部の企業に勝手に移転されてしまっている**というわけです。「隠れた税金」と言っていいでしょう。

経済分析②

アメリカ編

新型コロナウイルスの感染は地球規模で拡大したため、経済がこの影響を受けていない国はなく、アメリカ合衆国もその例外ではありません。

また、米中経済摩擦も激しさを増していますから、これもまた、新型コロナ同様、世界各国の経済に影響を及ぼします。世界1位と2位の経済大国の争いです。

特に日本は、アメリカとも、中国とも、切っても切れない経済関係にあります。日本経済が今後どうなっていくのかを知るためには、世界経済の動向にも注意を払う必要がありますが、まずは、アメリカ経済について見てみましょう。

感染爆発によって1カ月で2000万人以上の雇用が喪失

アメリカ経済全般の状況を知るために、まずはアメリカの**「国内総生産（実質・年率換算）」**

1-16 アメリカのGDPは回復した

	アメリカの国内総生産(GDP)(実質・年率換算)の成長率
2019年1-3月期	2.4%
4-6月期	3.2%
7-9月期	2.8%
10-12月期	1.9%
2020年1-3月期	▲5.1%
4-6月期	▲31.2%
7-9月期	33.8%
10-12月期	4.5%
2021年1-3月期	6.3%
4-6月期	6.5%

出所:アメリカ商務省

の成長率を見てみましょう。この指標は、前四半期比の成長率を年率で表しています。

2020年1－3月期を見ると、マイナス5・1%です。中国の武漢が封鎖され、アメリカにも新型コロナが入ってきた時期ですが、当時のトランプ大統領は「チャイナウイルス」と揶揄《やゆ》するだけで、めぼしい対策を何も行いませんでした。

その結果、感染爆発が起こり、4－6月期は、年率でマイナス31・2%とさらに経済が大きく落ち込みました。

しかし、7－9月期にはプラス33・8%と大きく戻しました。ただし、この成長率は前四半期に比べてなので、この時点では、もとの水準からは大きく離れています。そして、

10－12月期にはさらに4・5％戻して、さらに、2021年1－3月期も6・3％、4－6月期には6・5％戻しました。

4－6月期の時点でもとの水準を越えましたが、これだけ急速に経済を回復できたのはなぜでしょうか。

このところの金利の状況を見てみましょう。**「TB（Treasury Bills）3カ月」**は、財務省証券3カ月物、つまり短期の国債の金利で、「FF金利」と呼ばれる政策金利とほぼ連動しています。

新型コロナ前から、トランプ前大統領の意向もあり、金利が下がっていました。2020年1月が1・52％、2月が1・25％です。

それが、3月に一気に0・11％にまで下がったのは、アメリカの中央銀行に当たるFRBがゼロ金利政策に舵《かじ》を切ったからです。以後、ゼロに限りなく近い数値です。

アメリカの長期金利を表す**「10年国債利回り」**を見ても、同様に2020年3月から0％台になっています。

政府が財政出動を行うとともに、FRBはゼロ金利政策をとることで景気対策を行ったの

1-17 コロナ禍でアメリカもゼロ金利政策を実施。長期金利は上昇中

	TB3カ月	10年国債利回り
2017年	1.35%	2.40%
2018年	1.96%	2.89%
2019年	2.03%	2.08%
2020年1月	1.52%	1.51%
2月	1.25%	1.13%
3月	0.11%	0.70%
4月	0.09%	0.64%
5月	0.14%	0.65%
6月	0.16%	0.66%
7月	0.09%	0.55%
8月	0.11%	0.72%
9月	0.10%	0.69%
10月	0.09%	0.88%
11月	0.08%	0.84%
12月	0.09%	0.93%
2021年1月	0.06%	1.11%
2月	0.04%	1.44%
3月	0.03%	1.74%
4月	0.01%	1.65%
5月	0.01%	1.58%
6月	0.05%	1.45%
7月	0.06%	1.24%

出所：アメリカ財務省

です。

世界のエコノミストが注目しているのが、アメリカの雇用の状況を端的に表す**「非農業部門の雇用の増減数」**です。ここ数年、毎年200万人近く増えていました。

しかし、2020年はマイナス784・7万人で、月別で見ると、新型コロナが拡大した2020年3月がマイナス168・3万人、4月がマイナス2067・9万人です。これは年換算ではなく1カ月の数値です。私は初めてこの数字を見たとき、統計を発表する人が桁を間違えたのではないかと思いました。たった1カ月で2000万人以上が雇用を失ったというのは、それくらい、あり得ない数値なのです。

日本なら雇用維持のために国が企業に助成金などを出し、企業内での雇用維持に努めますが、アメリカは解雇（レイオフ＝一時帰休）が容易なため、企業ではなく個人に対して国がお金を出します。このときも、通常の失業手当（約400ドル）に加えて週300ドル上乗せしました。

ちなみに、アメリカでは、ホワイトカラーは月給ですが、ブルーカラーはいまでも週給が一般的です。

1-18 アメリカの雇用は回復しつつある

	非農業部門の雇用の増減数（万人）
2017年	181.3
2018年	193.2
2019年	167.6
2020年1月	31.5
2月	28.9
3月	▲168.3
4月	▲2067.9
5月	283.3
6月	484.6
7月	172.6
8月	158.3
9月	71.6
10月	68.0
11月	26.4
12月	▲30.6
2021年1月	23.3
2月	53.6
3月	78.5
4月	26.9
5月	61.4
6月	93.8
7月	94.3

出所：アメリカ労働省

非農業部門の雇用の増減数を見ると、直近の2021年7月は94・3万人増えていますが、これでもまだ元の雇用数には足りていません。これは、週300ドルの加算失業手当が出続けているため、「働かなくてもいいかな」と考える人が多くいることも関係しています。

すでにアメリカの景気は絶好調!

アメリカの民間調査機関であるコンファレンスボード(全米産業審議委員会)が発表している**「消費者信頼感指数」**は、5000世帯の消費者に対するアンケート調査を基礎に、景気に関する消費者マインドを、1985年を100として指数化したもので、数値が上がることは消費者の購買意欲が高まっていることを示します。

新型コロナ前は120以上と好調でしたが、2020年4月以降は5カ月連続で100を切り、その後、2カ月間は100を超えましたが、また4カ月連続で100を切りました。しかし、2021年3月以降は100を大きく超えています。これは、アメリカの消費者の購買意欲が明らかに高まっていることを示しています。

日本では、GDPに占める個人消費は55%程度ですが、**アメリカではGDPの7割が個人**

1-19 アメリカの消費意欲は力強く回復

	消費者信頼感指数(1985年=100)	ISM景気指数	自動車販売台数年換算(百万台)	住宅着工件数年換算(千戸)	ケース・シラー住宅価格指数
2017年	120.7	57.5	17.2	1,203	199.96
2018年	130.7	58.8	17.3	1,250	211.44
2019年	127.9	51.3	17.1	1,290	216.64
2020年1月	131.6	50.9	16.9	1,617	218.62
2月	130.7	50.1	16.8	1,567	219.75
3月	120.0	49.1	11.4	1,269	222.93
4月	86.9	41.5	8.7	938	223.62
5月	86.6	43.1	12.1	1,046	223.61
6月	98.1	52.6	13.0	1,273	223.73
7月	92.6	54.2	14.6	1,497	225.34
8月	84.8	56.0	15.1	1,376	228.42
9月	101.8	55.4	16.3	1,448	231.91
10月	100.9	59.3	16.4	1,514	235.65
11月	96.1	57.5	15.7	1,551	239.11
12月	88.6	60.5	16.2	1,661	242.11
2021年1月	89.3	58.7	16.8	1,625	245.22
2月	91.3	60.8	15.8	1,447	248.47
3月	109.7	64.7	15.4	1,725	252.71
4月	121.7	60.7	18.6	1,514	256.91
5月	117.2	61.2	17.0	1,546	261.55
6月	127.3	60.6	15.4	1,643	
7月	129.1	59.5			

出所:「消費者信頼感指数」はコンファレンスボード、「ISM景気指数」はISM、「自動車販売」「住宅着工」はアメリカ商務省、「ケース・シラー住宅価格指数」はS&P

消費ですから、購買意欲が高ければ、それだけGDPも伸びやすくなります。

ISM（米国供給管理協会）が発表している**「ISM景気指数」**は、製造業の購買担当者に、毎月、景気の状況を聞いた結果を指数化した指標です。

製造業の購買担当者に聞くのは、一番、景気に敏感だと言われるからです。この指数は、50を超えれば「景気が良い」ことを表すのですが、新型コロナの影響で2020年4月には41・5まで落ちました。ところが、2021年2〜6月は60を超えています。

これら2つの指標から分かることは、GDPの7割を支える消費者も、景気に最も敏感な企業の購買担当者も、「景気が良い」と言っているということです。つまり、アメリカの景気は絶好調なのです。

自動車も住宅も飛ぶように売れている

それを裏付ける指標を見てみましょう。

アメリカの商務省が発表している**「自動車販売台数」**を見ると、2015年以降、毎年1

700万台を超えていましたが、2020年は1460万台まで減少しました。それが、2021年4月は年換算で1860万台となっています。1800万台超というのは近年まれに見るいい数値です。

ただ、あまりに景気が好調なため、供給不足が起きており、その最たるものの1つが半導体です。新型コロナでパソコンなど電子機器類の販売が好調なことから、半導体が世界的に不足しているのです。半導体は自動車にも多数使用されているため、自動車を製造することができず、自動車不足になっています。

一部の日本車メーカーも、半導体不足の影響はあるものの、アメリカでは過去最高の売上だと聞きました。つくれば、つくるだけ、右から左に飛ぶように売れている状況なのです。

これにより中古車の価格も上がっています。20万キロ走った車でも、80万円程度の値がつくと言われています。

アメリカ商務省が発表している**「住宅着工件数」**を見ると、新型コロナ前は年120万戸台でしたが、2020年は138万戸で、2021年1月は年換算で162・5万戸、3月は172・5万戸と、こちらも非常にいい数値になっています。

アメリカで「ウッド・ショック」が起きていると先述しましたが、それほど、住宅も売れに売れているのです。

また、S&Pが発表している**「ケース・シラー住宅価格指数」**は全米の住宅価格を指数化した指標ですが、これを見ると、新型コロナの影響をほとんど受けることなく、徐々に数値が上がっており、2021年5月には261・55まで上がっています。

2017年まで200を切っていたことを考えれば、近年、住宅需要が非常に伸びていることが、この指標からも分かります。

自動車販売台数、住宅着工件数、ケース・シラー住宅価格指数の3つの指標から言えることは、少なくとも夏前頃までは、アメリカの景気は間違いなく「超上向き」だということです。

テーパリングの完了も前倒しの可能性

アメリカの労働省が発表している**「消費者物価　前年比」**を見ると、新型コロナの影響で2020年5月にプラス0・1%まで下がりましたが、2021年3月がプラス2・6%、

1-20 アメリカではインフレが進んでいる

	消費者物価 前年比
2017年	2.1%
2018年	2.4%
2019年	1.8%
2020年1月	2.5%
2月	2.3%
3月	1.5%
4月	0.3%
5月	0.1%
6月	0.6%
7月	1.0%
8月	1.3%
9月	1.4%
10月	1.2%
11月	1.2%
12月	1.4%
2021年1月	1.4%
2月	1.7%
3月	2.6%
4月	4.2%
5月	5.0%
6月	5.4%

出所:アメリカ労働省

4月がプラス4・2%、5月はプラス5・0%にまで上がっています。6月はなんと5・4%でした。物価が上がってインフレになっているわけですが、アメリカの物価上昇率が5%を超えるのはかなり珍しいことです。

アメリカの経済はそれほどまでに調子が良いのです。

FRBの物価目標は

前年比プラス2％ですから、それを大きく上回る物価の上昇が起きています。FRBは「一時的なものだ」と言っていますが、それは、一時的だと言わないと、テーパリング（緩和縮小）を行ったり、金利を上げなければならなくなるからです。

現在は、金融緩和政策、ゼロ金利政策をとっていますが、これらの政策こそ一時的なもので、金融緩和を段階的に縮小するテーパリングを早晩始めると言われています。そして、2022年から2023年にかけてテーパリングが完了し、政策金利の引き上げが始められると予想されています。

しかし、現在の物価高が続けば、目標である2％を大きく上回るインフレになってしまいます。インフレを抑制するのがFRBの仕事ですから、さすがに現在の物価上昇率が続くのは認められず、**テーパリングや政策金利の引き上げを前倒しにする可能性が高まっています。**

政策金利の上昇が見込まれる局面では、株価は調整され、下がります。どのタイミングで株価が下がるかは分かりませんが、2021年8月現在、最高値を更新し続けているダウ平均株価も、いったんは下がるでしょう。

これは私の仮説ですが、いったん下げた株価は次第に戻り、また最高値を更新するのではないかと考えています。なぜなら、景気が良く、物価が上がりすぎるのを防ぐための金利上昇であり、それにともなう株価の調整による下げだからです。

アメリカ経済の実力を反映して、株価はまた上がり始めると私は見ています。

新興国経済に影響を与えるアメリカの金利上昇

テーパリングを開始してから金利を適正水準に戻すまでには、1年半から2年くらいかけると見られています。これだけの時間をかけるのは、アメリカの政策金利が上がると世界各国に様々な影響が出るからで、それらへの配慮のためにある程度時間をかけざるを得ないからです。

たとえば、アメリカの金利が上がると、リスクの高い新興国で資産運用をするよりも、リスクの低いアメリカで資産運用をするインセンティブが高まります。その結果、新興国の国債などの債券が売られたりする可能性が高いのです。

新興国はアメリカや日本と比べると経済の底が浅いので、お金が一気に流出すると経済が回らなくなる可能性があります。

そうならないように、ＦＲＢが市場にメッセージを送り続けながら、長い時間をかけて少しずつ金利を上げていくことで、新興国の株や債券が一気に大幅に売られてしまうことが避けられるのです。

アメリカの個人消費が世界経済を支えている

アメリカの約21兆ドルの名目ＧＤＰの約７割を支えているのが個人消費です。世界全体の名目ＧＤＰは、推計ですが、約87兆ドルだと言われています。ということは、世界経済の約25％がアメリカ経済によって支えられており、その約７割ですから、**世界経済の約17％をアメリカの個人消費が支えている**ことになります。それだけ、アメリカの個人消費は、世界経済に大きな影響を与えるのです。

アメリカ商務省が発表している**「個人消費　実質　前月比」**の指標を見ると、前年比の伸び率は２０１７年が４・９％、２０１８年が５・３％、２０１９年が３・９％です。この指標を見続けてきた私の経験から言うと、経済が好調で巡航速度に乗っているときで５％ぐらい。７％まで上がると過熱気味です。

1-21 アメリカの個人消費は戻りつつある

	個人消費 実質 前月比
2017年	4.9%
2018年	5.3%
2019年	3.9%
2020年1月	0.6%
2月	0.0%
3月	▲6.7%
4月	▲12.7%
5月	8.7%
6月	6.5%
7月	1.5%
8月	1.2%
9月	1.3%
10月	0.3%
11月	▲0.6%
12月	▲0.6%
2021年1月	3.3%
2月	▲1.0%
3月	5.0%
4月	0.9%
5月	0.0%

出所:アメリカ商務省

新型コロナで2020年はマイナス2・7%まで下がりましたが、2021年1月は前月比でプラス3・3%、2月はマイナス1・0%、3月はプラス5・0%、4月はプラス0・9%、5月は0・0%と、戻りつつあると言えます。

一方、アメリカ商務省が発表している**「貿易サービス収支・通**

1-22 アメリカは膨大な量の商品を海外から買っている

	貿易サービス収支・通関（季節調整済み・10億ドル）
2017年	▲513.8
2018年	▲579.9
2019年	▲576.9
2020年1月	▲45.5
2月	▲41.6
3月	▲47.2
4月	▲53.0
5月	▲54.9
6月	▲50.7
7月	▲60.7
8月	▲63.7
9月	▲62.6
10月	▲63.7
11月	▲67.3
12月	▲65.8
2021年1月	▲67.1
2月	▲70.6
3月	▲75.0
4月	▲69.1
5月	▲71.2

出所：アメリカ商務省

関」という指標を見ると、マイナスの数字が並んでいます。これは貿易収支（モノの取引）とサービス収支（特許料など）の合計が赤字であることを意味し、2017年、2018年、2019年と、毎年5000億ドルを超える赤字で、新型コロナの影響があった2020年はマイナス6817億ドルにまで赤字が膨らんでいます。これは貿易収支が大きな赤字のためです。

特許料やロイヤリティーなどが入ってきますから、サービス収支は黒字なので、その黒字分も考えると、それだけ膨大な量の商品を海外から買っているのです。これを見ても、世界経済がアメリカの旺盛《おうせい》な個人消費に支えられていることが分かるでしょう。

これだけ**巨額の貿易赤字を続けながら、アメリカの米ドルの価値が落ちないのは、基軸通貨だからです。**口の悪い人は、「アメリカは米ドルという紙を輸出して商品を買っている」と言います。

私の人生の師匠、藤本幸邦《こうほう》老師は、「米ドルは軍票」だと言っていました。アメリカの強大な軍事力があるから米ドルは基軸通貨である、ということです。アメリカの経済力と軍事力によって、膨大な貿易赤字があっても、ドルの価値は維持されているのです。

アメリカ経済の不安材料は何か?

ここまでアメリカ経済に関する指標を見てきて分かるのは、アメリカ経済は好調であり、景気の回復が順調過ぎるほどに進んでいるということです。

ただ、不安材料がないわけではありません。景気が回復する局面では長期金利が上昇するのですが、アメリカの長期金利を表す「10年国債利回り」（121ページ）を見ると、2021年3月に1・74％まで上がったあとは、4月1・65％、5月1・58％、6月1・45％と下げています。この原稿を書いている8月では1・3％程度です。

これはアメリカ経済の先行きに対する懸念があるからで、すでにアメリカ経済がピークアウトしたのではないかという説もささやかれています。

もし景気が後退するようなことになると、同時に物価上昇が進んだ場合、「スタグフレーション」が心配されます。1970年代後半、カーター政権時にスタグフレーションが起きましたが、その再来が懸念されているのです。

私の個人的見解を述べれば、アメリカの実体経済は強く、スタグフレーションをそれほど心配する必要はないのではないかと思います。

スタグフレーションを心配するなら、アメリカよりも日本です。日本は景気回復が弱いうえに、世界的な物価高の影響が出ます。日本経済については、本章の最後でもう一度触れたいと思います。

経済分析③

中国・アジア・欧州編

アメリカに次ぐ世界第2位の経済大国である中国も、もちろん分析の対象です。地理的にも近い日本経済に大きな影響を与えています。あわせて、台湾、韓国、シンガポールの経済についても触れます。

欧州経済の動きも気になるところです。日本経済やアメリカ経済に比べればチェックするべきポイントは限られますので、簡単に見ておきましょう。

中国は新型コロナの影響がほとんどなかった？

中国の**「国内総生産　前年比」**を見るときに注意しなければならないのは、日本やアメリカ、欧州と違い、前年同期比の成長率である点です（他国は前四半期比の年率換算）。

２０１９年の中国の成長率は６・０％で、年を追うごとに徐々に落ちています。原因は、

1-23 アジア主要国のGDPは回復基調

	国内・域内総生産(GDP)の成長率(実質)			
	中国	台湾	韓国	シンガポール
2019年 1-3月期	6.4%	1.8%	▲1.5%	1.1%
4-6月期	6.2%	2.6%	4.2%	0.2%
7-9月期	6.0%	3.0%	1.7%	0.7%
10-12月期	6.0%	3.3%	5.1%	1.0%
2020年 1-3月期	▲6.8%	2.5%	▲5.0%	▲0.2%
4-6月期	3.2%	0.4%	▲12.0%	▲13.4%
7-9月期	4.9%	4.3%	8.8%	▲5.6%
10-12月期	6.5%	5.2%	5.0%	▲2.4%
2021年 1-3月期	18.3%	8.9%	7.1%	1.3%
4-6月期	7.9%	7.5%		14.3%

出所:「中国」は中国国家統計局、「台湾」は台湾行政院主計総処、「韓国」は大韓民国銀行、「シンガポール」はSingapore Department of Statistics

生産年齢人口が減少しているのと、「中所得国の罠《わな》」にはまっていることです。中所得国の罠とは、ある程度経済が成長すると必ず経済成長が鈍化《どんか》する、というものです。

2020年1−3月期はマイナス6・8%。これは武漢が封鎖された時期です。さすがの中国も経済成長率がマイナスになりました。

驚くべきは、次の4

−6月期です。同じ時期、日本もアメリカも欧州も成長率が30％前後の大きなマイナスだったにもかかわらず、中国は前年同期比で3・2％成長しています。前年の2019年の4−6月期はプラス6・2％でしたから、そこからさらに3・2％成長したということです。

その後も7−9月期がプラス4・9％、10−12月期がプラス6・5％ですから、新型コロナ前の経済成長率にほぼ戻っています。

2021年1−3月期はプラス18・3％で、これは前年の1−3月期のマイナス6・8％の分を完全に取り返してしまっています。

中国は新型コロナの震源地で、最初に悪影響を受けましたが、そこから数カ月で経済が回復し、景気が良い状態に戻っていると言えます。

世界の中で日本だけがデフレ

台湾、韓国、シンガポールの**「国内・域内総生産　前年比」**も見ておくと、台湾は新型コロナの押さえ込みに成功したため、成長率がマイナスにまで落ちることなく、2021年1−3月期は8・9％もの成長を遂げています。

韓国は、2020年の1－3月期、4－6月期は成長率がマイナスでしたが、その後は、7－9月期が8・8％、10－12月期が5・0％、2021年1－3月期が7・1％と、こちらも経済が回復し、景気が良くなっていることが分かります。

シンガポールは、2020年は4四半期とも成長率がマイナスになりましたが、2021年1－3月期はプラス1・3％、4－6月期はプラス14・3％になり、なんとかトンネルを抜けて、今後、景気が良くなる兆候があります。

次に、**「消費者物価　前年比」**を見ると、中国は2020年11月、2021年1月、2月と、マイナスになっている月があります。中国で物価がマイナスになるのは非常に珍しいことです。

ただ、2021年3月以降はプラスになっています。4月、5月、6月は、台湾、韓国、シンガポールは、いずれも物価が約2％上昇しています。

アメリカでも、次に見る欧州でも、中国、台湾、韓国、シンガポールでも、物価が上昇しているのです。これだけ世界的な物価上昇局面であるにもかかわらず、日本だけは長らく物価が下落し、最近でも物価上昇力は弱い。

1-24 アジアでも消費者物価が上がってきている

	消費者物価 前年比			
	中国	台湾	韓国	シンガポール
2017年	1.6%	0.7%	2.0%	0.8%
2018年	2.1%	1.3%	1.5%	0.4%
2019年	2.9%	0.6%	0.4%	0.6%
2020年1月	5.4%	1.9%	1.5%	0.8%
2月	5.2%	▲0.2%	1.1%	0.3%
3月	4.3%	0.0%	1.0%	0.0%
4月	3.3%	▲1.0%	0.1%	▲0.7%
5月	2.4%	▲1.2%	▲0.3%	▲0.8%
6月	2.5%	▲0.5%	0.0%	▲0.5%
7月	2.7%	▲0.5%	0.3%	▲0.4%
8月	2.4%	▲0.3%	0.7%	▲0.4%
9月	1.7%	▲0.6%	1.0%	0.0%
10月	0.5%	▲0.3%	0.1%	▲0.2%
11月	▲0.5%	0.1%	0.6%	▲0.1%
12月	0.2%	0.1%	0.5%	0.0%
2021年1月	▲0.3%	▲0.2%	0.6%	0.2%
2月	▲0.2%	1.4%	1.1%	0.7%
3月	0.4%	1.2%	1.5%	1.3%
4月	0.9%	2.1%	2.3%	2.1%
5月	1.3%	2.5%	2.6%	2.4%
6月	1.1%	1.9%	2.4%	2.4%
7月		2.0%		

出所:「中国」は中国国家統計局、「台湾」は台湾行政院主計総処、「韓国」は韓国統計庁、「シンガポール」はSingapore Department of Statistics

日本の経済の「地力《じりき》」が弱いことが原因です。

中国の貿易黒字とアメリカの貿易赤字はほぼ同額

中国の**「貿易収支・通関」**は、2018年は3509億ドルの黒字、2019年は4211億ドルの黒字、2020年は新型コロナがあったにもかかわらず5269億ドルの黒字となっています。

アメリカの貿易サービス収支の赤字額がいくらだったか覚えているでしょうか。およそ年5000億ドル。アメリカの貿易サービス収支の赤字額が、中国の貿易黒字額とほぼ同じなのです。そして、アメリカの貿易赤字額のうち、約3000億ドルが対中赤字です（日本は約600億ドルです）。

アメリカのトランプ前政権が、中国との貿易不均衡を問題視して、中国政府に圧力をかけていたのは、このためです。民主党のバイデン政権に変わっても、アメリカの対中国強硬姿勢が変わらないのには、こうした経済的理由もあります。

ただ、「世界の工場」と言われたのはもう昔のことで、現在は賃金が上がり、ミャンマー

1-25 中国の貿易収支は好調

	貿易収支・通関（10億米ドル）
2017年	419.6
2018年	350.9
2019年	421.1
2020年1月	54.7
2月	▲62.0
3月	20.0
4月	45.0
5月	61.6
6月	44.7
7月	60.4
8月	57.2
9月	35.5
10月	57.4
11月	74.6
12月	76.0
2021年1月	62.9
2月	36.5
3月	13.0
4月	42.2
5月	45.4
6月	51.5

出所：中国国家統計局

やベトナム、バングラデシュなどに工場は移りつつあり、大消費地としての中国の魅力が高まっています。自動車も、アメリカより多い、2500万台程度が毎年販売されています。今後は、日本の1980年代もそうでしたが、うまく内需中心の経済に転換できるかどうかが注目されるところです。

中国政府が過度の人民元安を嫌う理由

世界の工場と呼ばれ、10%前後の経済成長を続けていた時期の中国は、輸出が大きく伸びていました。輸出が伸びれば、それだけ多くの外貨が入ってきます。

しかし、企業は外貨で給料を払うわけにはいかないので、外貨を売って人民元を買います。これを放置すれば、外貨安、人民元高になってしまいます。

人民元高は、輸出に悪影響を及ぼします。円高が日本の輸出企業に悪影響を及ぼすのと同じです。

これに対して、中国の中央銀行、中国人民銀行は、市中に売りに出される外貨を買うことで、急激な元高にならないように、人民元の価格を維持していました。それが外貨準備高(政府や中央銀行が保有する外貨)になり、一時、約4兆ドルまで増えました。

その後、先ほど見たように、中国経済が減速してきたことで、海外の投資家を中心に人民元の売りが膨《ふく》らみました。中国政府にとっては、急速な人民元安も困ります。

なぜかと言えば、輸入物価が上がるということもありますが、中国はメンツの国で、習近平国家主席はGDPで早くアメリカを抜きたいと考えているからです。

中国のGDPは約14兆ドルですが、7%前後の成長を続けていけば、十数年後にはアメリカを抜くことができるとも言われています。それは当然、ドル建ての計算です。人民元建てで考える人はいません。

そうすると、人民元が安くなると、ドル建てにしたときに目減りしてしまいますから、ある程度高く維持する必要があります。だから今度は、もっていた外貨を売りました。このため、外貨準備高は約1兆ドル減りました。

また、観光客が日本などで高額品を買うためには、それだけ多くの人民元を売って外貨を買う必要があるため、高い関税をかけることで、これを防止しました。

さらに、海外送金にも制限をかけました。

中国経済が高い成長を続けていた時期とは、少しトレンドが変わってきていることに注意が必要です。本当に成熟した市場になれるのかどうかが大きなポイントだと言えるでしょう。ただ、中国経済が巨大化したことは間違いありません。

最後になりましたが、**中国経済の最大のリスクは、不動産バブルの崩壊**でしょう。不動産バブルをつくっているのはシャドーバンキングだと言われており、真偽は分かりませんが、正規の金融市場を通さないところで多額のお金が動いているという話です。この点については、欧米のエコノミストたちも警鐘《けいしょう》を鳴らしています。政策の変更も懸念材料です。

欧州経済はワクチン接種が進むほど回復

次に、欧州の経済についても見ていきましょう。

「国内総生産　ユーロ圏　実質・年率」は、通貨ユーロを使っている国々の国内総生産です。

2021年1−3月期のユーロ圏の成長率はマイナス1・3%。同時期のドイツはマイナス7・0%、フランスはマイナス0・4%、英国はマイナス6・2%で、イタリアはプラスですが、わずか0・6%。アメリカや中国と違い、欧州の経済は調子が悪いと言えます。

この時期、新型コロナの感染拡大を防ぐために欧州の多くの都市でロックダウンを行っていたからなのですが、その後、ワクチン接種が急速に進んだため、ユーロ圏全体では、4−6月期は大方の予想通り8・3%（速報値）の成長となりました。

ロンドンではサッカーなどの大規模イベントも復活し、パリのカフェでマスクをせずに

1-26 欧州のGDPは急速に回復

	国内総生産(GDP)（実質・年率換算）の成長率				
	ユーロ圏	ドイツ	フランス	イタリア	英国
2019年1-3月期	1.9%	2.5%	2.6%	0.1%	2.2%
4-6月期	0.9%	▲2.0%	2.2%	0.7%	0.6%
7-9月期	0.8%	1.2%	0.7%	0.4%	2.0%
10-12月期	0.0%	▲0.1%	▲1.3%	▲1.6%	0.1%
2020年1-3月期	▲13.6%	▲7.7%	▲21.4%	▲20.9%	▲10.9%
4-6月期	▲38.5%	▲33.5%	▲43.3%	▲42.5%	▲57.9%
7-9月期	59.9%	39.6%	97.4%	80.2%	87.1%
10-12月期	▲2.5%	2.2%	▲5.9%	▲6.8%	5.2%
2021年1-3月期	▲1.3%	▲7.0%	▲0.4%	0.6%	▲6.2%
4-6月期	8.3%（速報値）				

出所：ユーロスタット他

人々が楽しんでいる姿が日本でも報道されているように、欧州各国でも急速に経済が回り始めており、変異株への懸念はあるものの、景気が急速に回復しています。

「消費者物価　ユーロ圏　前年比」を見ると、新型コロナ拡大後、マイナスになっていた物価が、2021年1月からプラスに転じ、4

1-27 欧州でも消費者物価は上がっている

	消費者物価 前年比	
	ユーロ圏	英国
2017年	1.5%	2.7%
2018年	1.8%	2.5%
2019年	1.2%	1.8%
2020年1月	1.4%	1.8%
2月	1.2%	1.7%
3月	0.8%	1.5%
4月	0.3%	0.8%
5月	0.1%	0.5%
6月	0.3%	0.6%
7月	0.4%	1.0%
8月	▲0.2%	0.2%
9月	▲0.3%	0.5%
10月	▲0.3%	0.7%
11月	▲0.3%	0.3%
12月	▲0.3%	0.6%
2021年1月	0.9%	0.7%
2月	0.9%	0.4%
3月	1.3%	0.7%
4月	1.6%	1.5%
5月	2.0%	2.1%
6月	1.9%	2.5%

出所：ユーロスタット他

月にはプラス1・6%、5月はプラス2・0%と、上がり始めています。英国も2021年6月の消費者物価はプラス2・5%ともちなおしています。

世界的な物価高の局面であるため、欧州でも2%弱の物価高が続くのではないかと見ています。

「失業率」を見ると、ユーロ圏は、新型コ

1-28 欧州の失業率はコロナ禍で上昇

	失業率	
	ユーロ圏	英国
2017年	9.1%	4.3%
2018年	8.2%	3.9%
2019年	7.6%	3.9%
2020年1月	7.5%	4.0%
2月	7.4%	4.0%
3月	7.1%	4.0%
4月	7.3%	4.1%
5月	7.5%	4.1%
6月	8.0%	4.3%
7月	8.4%	4.5%
8月	8.5%	4.8%
9月	8.5%	5.0%
10月	8.3%	5.1%
11月	8.2%	5.2%
12月	8.2%	5.1%
2021年1月	8.2%	5.0%
2月	8.2%	4.9%
3月	8.1%	4.8%
4月	8.1%	4.8%
5月	7.9%	

出所：ユーロスタット他

ロナ前は7％台でしたが、新型コロナ後は8％台に上がっています。英国も、4％ほどだったのが、新型コロナで少しずつ上がり、5％前後になっています。

「ユーロ金利　年率3カ月物」は、アメリカで言えばTB3カ月に当たり、欧州中央銀行（ECB）が決定する政策金利と連動しています。

1-29 ユーロ金利はマイナスが続く

	ユーロ金利 (年率・3カ月物)
2017年	▲0.37%
2018年	▲0.36%
2019年	▲0.39%
2020年1月	▲0.42%
2月	▲0.47%
3月	▲0.25%
4月	▲0.19%
5月	▲0.35%
6月	▲0.42%
7月	▲0.44%
8月	▲0.51%
9月	▲0.52%
10月	▲0.53%
11月	▲0.55%
12月	▲0.57%
2021年1月	▲0.54%
2月	▲0.55%
3月	▲0.55%
4月	▲0.54%
5月	▲0.54%
6月	▲0.55%
7月	▲0.55%

出所:ユーロスタット他

これを見ると、マイナスの数字が並んでおり、その数字が少しずつ大きくなっていることが分かります。現在はマイナス0・5%台半ばで、世界で最もマイナス金利を深掘りしているのが欧州なのです。

欧州の経済は新型コロナの影響を大きく受けましたが、ワクチン接種が始まったことで改善の可能性が高まっています。

これは欧州に限ったことではなく、どこの国であっても、新型コロナによる経済悪化からの回復は、ワクチン接種次第となっており、ワクチン接種のスピードが速い国から景気が回復していくことになるのではないでしょうか。

「買いどき」をどう見極めるのか？

ここまで、日本、アメリカ、中国などのアジア、欧州の経済について、指標を示しながら見てきました。これで世界経済の大きな流れはある程度つかめたと思います。今後も、こうした指標を新聞やネットの記事などでチェックしながら経済の流れを見ていれば、必ずや経済の大きな流れが分かり、投資の「買いどき」が分かるはずです。

これはあくまで私の場合ですが、あまり相場が荒れているときには買いません。経済危機や○○ショックで株価がドーンと落ちたときは確かに買いどきですが、こうした相場が荒れているときは株価が日々乱高下するからです。

それを眺《なが》めてから、少し落ち着いてきたときに買います。「頭と尻尾はくれてやれ」という株式投資の格言通り、**一番安いときに買い、一番高いところで売ろうなどということは、しょせんできません**。「かなり下がったかな」、そして「少し落ち着いたかな」と思ったところで買いを入れます。

このときに私が注意して見ているのが、東証一部の株の1日の売買代金です。このところでは2兆円程度が基準値で、3兆円を超えると過熱気味、1兆円台なら低調だと判断しています。日経新聞にも毎日大きく掲載されていますし、ネットでもすぐに見つけることができます。

株価が急激に下がったときには、株の1日の売買代金を毎日見て、「市場が落ち着いてきたかな」というところで買います。

2011年、2012年のころには、1日の売買代金が1兆円を切る日が多くありました。長期的に見れば、こうした参加者が少ないときは、当然のことながら株価は下がりますから、「買いどき」だと判断できます。

また、株価は経済的な理由だけで動くわけではありません。たとえば、国際情勢の緊迫化や天災などが起きたら、株価全体は下がるかもしれません。もちろん、個別企業では、各社独自の事象で大きく株価が下がることも少なくありません。会社の将来性が見通せるなら、こうしたときも「買いどき」だと言えます。

リーマン・ショックは100年に一度の「買いどき」だった

株価が何らかの理由で急激に下がったときに、もう1つ、私が注意して見ているのは、政府の動きです。これは日本政府に限らず、アメリカ政府や中国政府、EUや欧州各国の政府、さらにそれぞれの中央銀行も含みます。

たとえば、リーマン・ショック前、アメリカの短期金利（政策金利）が5・25％あったのが、景気を刺激するためにFRBがどんどん下げているとき、当然ながらアメリカ政府も何らかの手を打つ必要がありました。このときは70兆円以上の景気対策を行いました。

こうした**景気対策が打たれることが決まったときに、私は「そろそろ底かな」と思うわけです。**もちろん、それは私だけでなく、多くの人がそう思いますから、多くの場合、相場が上がり始めます。

経済危機や〇〇ショックが起きたときはもちろん、景気が悪くなったときに、中央銀行や政府は絶対にそれを放置しません。特に政府は選挙もありますから、放置することなどできないのです。だから、そうした政府の動きなども全部見たうえで、そろそろ底だと判断したときに買います。

そして、**一度に買わず、何回かに分けて買います。**さらに株価が下がれば、また少し様子を見てから買えばいいですし、株価が上がったら、それでも「買い」かどうかを考えて、「買い」だと思えば追加で買います。

何度も言いますが、いまが尻尾かどうかは、誰にも分かりません。尻尾でなくとも、利益が少し少なくなるだけです。だから、そこは度胸を決めて買うしかありません。長期的な観点から「買いどき」を何年も待って買えば、大きな損を出すことはほとんどありません。

もし自分が買ってから株価が1〜2割下げたとしても、その後何年か、4〜5割上がるのを待っていればいいわけです。すぐに必要となる「守るお金」ではなく、余裕のある「攻めるお金」でないと、こうした投資はできません。

リーマン・ショック後は、間違いなく「買いどき」でした。リーマン・ショックは100年に一度の経済危機と騒がれましたが、言い換えれば、100年に一度の「買いどき」だったのです。

いま怖いのは「官製相場」

2020年3月、コロナ・ショックで日経平均株価の終値は1万6552円83銭まで下げましたが、その後は順調に回復し、2021年2月15日には3万円を突破しました。その後は少し下げて2万円台後半で推移しています。

現在の日経平均株価がなぜ高くなっているかと言えば、企業の好業績もありますが、日銀がETF（上場投資信託）を大量に買ってきたこともあります。

2021年3月末時点で、日銀は時価で約51兆円分のETFを保有しています。

さらに、日本の年金の管理・運用を行っている世界最大の年金基金、GPIFも、日本株を大量に買っています。序章でも見たように、運用資産の国内株式の割合を25％に上げたためです。2021年6月末の運用資産額は約193兆円で、国内株式はそのうち約24・49％、約47兆円分を保有しています。

日銀とGPIFの保有額を足すと約98兆円にのぼります。現在はもう少し増えていると考えられ、東証一部上場企業の時価総額が2021年7月時点で約700兆円ですから、その約14%を日銀とGPIFが保有していることになります。

つまり、現在の株高は、企業業績やそれに大きく関連するPER（第3章で詳しく説明します）から見れば、それほどの割高感はありませんが、一部は、日銀とGPIFによって底上げされた「官製相場」だと言えることは間違いありません。ある意味、下値《したね》を支えていると言っていいでしょう。

日銀は、ETFをいつまでも買い進めるわけにはいきません。そして、いつか必ず、保有するETFを売るときがやってきます。どのように日銀が売却するかにも注意が必要です。しかし、相場の地合いが悪いときには売らないでしょうから、下支えの役割はしばらく続くと考えられます。

日本経済の命運を握るのもワクチン接種のスピード

日本でも新型コロナのワクチン接種が順調に進めば、秋口から景気が回復する可能性があります。ただし、ワクチン接種が遅くなれば遅くなるほど、変異株の問題も大きくなり、日本だけが世界的な景気回復から取り残される可能性もあります。

日本経済はすでに世界経済の回復から遅れをとっていますが、このままいくとアメリカと中国の経済回復からは2周遅れ、欧州からも1周遅れになり、その後、差がさらに広がる可能性すらあるのです。

「ドバイ原油価格」を見ると、新型コロナが世界的に拡大した2020年4月には17・30ドルまで下がっています。このとき、原油の先物価格がマイナスになったことがニュースになり、私も「原油価格が、なぜマイナスになるのか？」とよく聞かれました。

原油価格がマイナスになったのは、原油を備蓄しているだけでも費用がかかるので、需要が急減した状況では、「お金もつけるから買ってくれ」ということになったからです。

それが、2021年7月には73・90ドルになっており、今後も上昇が予想されています。

このように世界中で物価が上がっており、それを受けて、日本の輸入物価指数も2021年6月には前年比28・4％も上がりました（89ページ参照）。

一方、77ページの現金給与総額を見ると、2021年3月にようやくプラスに転じましたが、これが今後も上がっていくのかが注目ポイントです。

もし現金給与総額がたいして上がらなければ、購買力が上がりませんから、物価を押し上

1-30 原油価格が上昇している

	ドバイ原油価格（ドル／バレル）
2017年度	53.87
2018年度	69.20
2019年度	64.38
2020年1月	58.10
2月	48.50
3月	24.30
4月	17.30
5月	34.40
6月	41.90
7月	43.20
8月	44.60
9月	40.20
10月	36.80
11月	46.50
12月	50.70
2021年1月	54.70
2月	64.00
3月	63.60
4月	65.30
5月	68.10
6月	73.30
7月	73.90

出所：Platts　　年間または月間の平均価格

げることができません。物価が上がるにしても、「コストプッシュ型」と呼ばれる悪い物価上昇になってしまいます。

輸入物価が上がり、企業物価が上がり、コストが上がることで物価が上がるのが、コストプッシュ型の物価上昇ですが、その物価上昇に見合うだけの現金給与総額の上昇がなければ、景気が後退しやすいのです。

一番いいのは、アメリカのように需要が供給を上回って物価が上がる「ディマンドプル型」です。**ディマンド（需要）が引っ張る物価上昇は、いい物価上昇**です。

もしコストプッシュ型の物価上昇になったとき、それに対して日本政府がどれだけの対策を打てるかも大事になります。大量の借金をして新型コロナ対策をした現在の状況で、これからいったい何ができるのかが問われます。

仮に景気が後退する中で物価が上昇すれば、アメリカ経済のところで述べた「スタグフレーション」に日本が陥る危険性があります。

新型コロナの感染者が減ったら緊急事態宣言を解除し、また増えてきたら緊急事態宣言を発出するということを繰り返していても、前に進むことはできません。

前に進むためにはワクチン接種が一番大事で、その速度が速ければ速いほど、早期に新型コロナを終息させることができ、あわせて景気回復もはかれるのではないでしょうか。

投資をするなら経済だけでなく政治にも関心をもつ

日本の名目GDPは、ここ30年間ずっと、5兆ドル前後で伸びていません。アメリカは1990年に6兆ドルだった名目GDPが21兆ドルを超えています。中国は1兆ドルなかったのが、15兆ドルぐらいになりました。

日本だけが名目GDPが伸びていないのです。これは人口減少が始まる前からです。したがって、名目GDPが伸びていないのは、人口減少だけが問題なのではなく、日本経済に構造的な問題があることを示しています。

アメリカは、国内に反対意見もありながらも移民を受け入れており、これにともなって人口が増えています。欧州も移民を受け入れるとともに、少子化対策が、北欧諸国やフランスである程度うまくいき、人口が均衡から伸びに転じています。

日本は経済に構造的な問題を抱え、人口減少が進み、かつ東日本大震災や今回の新型コロナへの対処で多額の資金が必要となり、政府は名目GDPの2倍を超える約1200兆円の借金も抱えています。これらのことを認識したうえで投資を行わないと、大きな間違いを犯してしまうでしょう。

最後になりますが、日本人は、もう少し政治に関心をもつべきではないでしょうか。

2021年7月、東京都議会選挙がありましたが、その投票率は過去2番目に低い42・39%でした。これは有権者の2人に1人も選挙に行かない、あまりにも低い数値です。

裏を返せば、それだけ政治に無関心でも、特段ひどい仕打ちを受けない、いい国だと言うこともできます。

しかし、これまでそれで良かったからといって、今後も大丈夫だとは限りません。

私たちは、生活の土台である政治をあまり意識していません。だから、財政赤字がどんどん膨らんでいても、自分には関係ないと思っています。それが非常に危険なのです。私たちの生活にとっても危険なだけでなく、投資にとっても危険です。

投資をするのであれば、経済だけでなく政治にも興味・関心をもつことが大切です。

第2章

「優良企業」を見極める――【企業分析】

第1章では、「買いどき」を見極める経済分析の方法について見てきました。経済の大きな流れをつかんで、経済状態があまり良くなく、相場が全体的に下がっているときに株や金融商品を買うのが、アマチュアの投資家の基本原則です。

ただ、株価が低迷していて、どの企業の株価も安くなっているからといって、何でもかんでも買っていいわけではもちろんありません。やはり、各企業の安全性や収益性、将来性を分析して、より利益を得る可能性の高い優良企業の株を厳選して買う必要があります。また、株価全体が高いときでも、人気があまりないために株価が実力よりも安い株もあります。そういうときも、個別銘柄に関しては買いどきです。

そのために行うのが、これから説明する財務諸表を使った企業分析です。といっても、個人の投資家として最低限知っておきたい内容に絞っていますので、それほど難しくはないと思います。安心して読み進めてください（財務諸表をよくご存じの方は財務諸表分析の部分は読み飛ばしてもかまいませんし、ある程度ご存じの方はポイントだけを読んでもかまいません）。

財務三表で何が分かるの？

私が最も重きを置いているのは、その企業の「安全性」です。企業が倒産してしまうと、その企業の株は紙くずになってしまいますから、お金を失いたくないなら、ちょっとやそっとのことがあっても絶対につぶれない企業に投資することが重要です。

企業の財務諸表には、大きく分けて「貸借対照表（BS）」「損益計算書（PL）」「キャッシュ・フロー計算書（CS）」の3つがあります。企業の安全性は、どの財務諸表のどこを見れば分かるのでしょうか。

貸借対照表は、その企業が「どのような資産（現金、商品、建物、機械など）を、どのくらいもっているか」ということと、「その資産を買うために、お金をどのように調達したか」ということを表したものです。

つまり、その企業がこの先も事業を続けていくことができるかどうか、倒産する危険性がないかといった**「安全性」は、主に貸借対照表を見れば分かります。**貸借対照表のどこを見ればいいのかについては、のちほど詳しく説明します。

これに対して、**損益計算書は、その企業がどのくらい儲けることができたかという「収益性」を表したもの**です。

ただ、損益計算書で利益が計上されていても、実際にお金が企業に入ってきているとは限りません。なぜなら、商品やサービスを販売した時点で、売上高や利益は計上されますが、「その代金が入金されるのは数カ月後」ということが、ビジネスではよくあるからです。だから、損益計算書は黒字なのに、現金が足りずに倒産するという「黒字倒産」も現実に起こります。

そこで、**どれだけの「現金＝キャッシュ」が会計期間内に出入りしたか（増減したか）を表したキャッシュ・フロー計算書**を見るのです。会計期間とは、1年に一度決算をする企業であれば1年間、上場企業のように四半期ごとの決算であれば四半期間のことです。

キャッシュ・フロー計算書では、安全性とともに、現金を何に使っているか、何にどれだけ投資しているかを見ることで、その企業の「将来性」を判断することもできます。

ここで注意したいのが、**貸借対照表は、「決算の時点」の状況を表しているのに対して、**

2-1 財務三表で何が分かるか?

▮貸借対照表(BS)

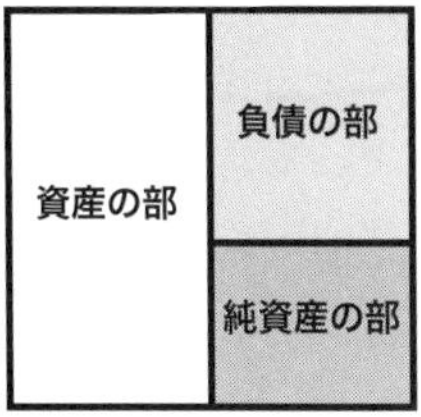

企業の「安全性」が分かる

「どのような資産をどのくらいもっているか」と「その資産を買うためにお金をどのように調達したか」を表す

▮損益計算書(PL)

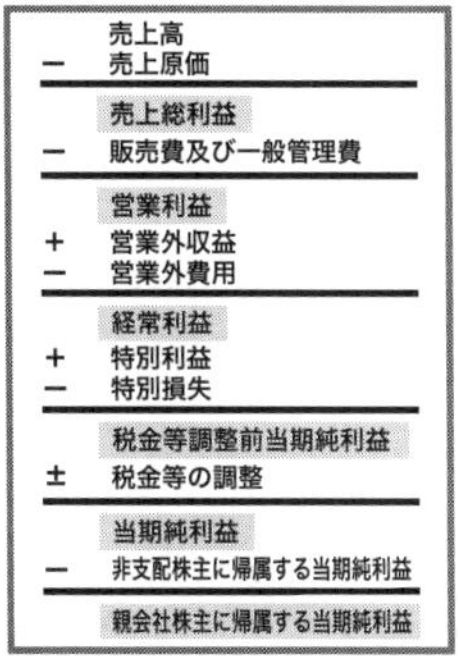
売上高
− 売上原価
売上総利益
− 販売費及び一般管理費
営業利益
+ 営業外収益
− 営業外費用
経常利益
+ 特別利益
− 特別損失
税金等調整前当期純利益
± 税金等の調整
当期純利益
− 非支配株主に帰属する当期純利益
親会社株主に帰属する当期純利益

企業の「収益性」が分かる

企業がどのくらい儲けることができたかという「収益性」を表す

▮キャッシュ・フロー計算書(CS)

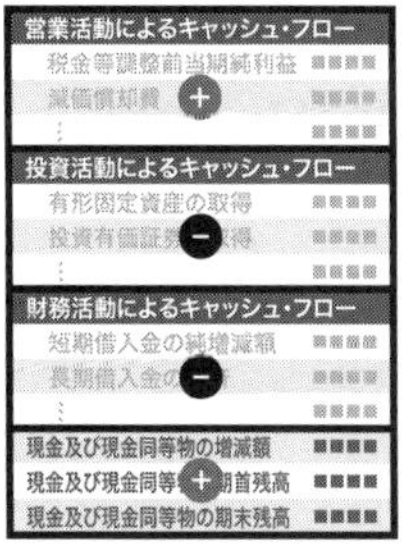

企業の「将来性」が分かる

どれだけの「現金」が会計期間内に出入りしたかを「営業」「投資」「財務」のキャッシュ・フローに分けて表す

損益計算書とキャッシュ・フロー計算書は「決算の期間」の状況を表している点です。

貸借対照表を見ると、一番上に会計年度が、たとえば「2021年3月31日」などと書かれています。これは、2021年3月31日時点の「資産」「負債」「純資産」の状況を表しているという意味です。

これに対して、損益計算書やキャッシュ・フロー計算書の一番上には、会計年度として「自 2020年4月1日 至 2021年3月31日」などと書かれており、これは、2020年4月1日から2021年3月31日までの1年間の業績であることを意味しています。

貸借対照表は「時点」の状況を集計したもので、損益計算書とキャッシュ・フロー計算書は「期間」の状況を集計したものなのです。

こうした**企業の財務諸表は、証券取引所に上場している「上場企業」であれば自社のホームページに掲載していますので、「企業名　決算短信」で検索すれば、誰でもすぐに見ることができます。**

企業分析を行う際には最新の財務諸表を見ることが大事ですが、**過去に数期間さかのぼって傾向を知ることも、同じくらい重要**です。多くの企業は過去の決算短信も掲載していますので、それらも忘れずにチェックしてください。

「営業利益」は本業での実力値を表す

ここからは財務諸表の見方をもう少し詳しく見ていきましょう。

損益計算書は、一番上が**「売上高」**で、そこからいくつかに分類された「費用」を順番に差し引き、「利益（または損失）」を算出するという構造になっています。

売上高から**「売上原価」**を引いたのが**「売上総利益」**、そこから**「販売費及び一般管理費」**を引いたのが**「営業利益」**です。企業の通常業務での利益です。

そこに金利などの**「営業外収益」**を足して**「営業外費用」**を引いたのが**「経常利益」**。そこから一過性の利益や損失である**「特別利益」**や**「特別損失」**を足し引きしたものが**「税金等調整前当期純利益」**です。さらに、そこから税金等の調整を行ったものが**「当期純利益」**となります。

利益と名の付くものがいくつもありますが、投資家である株主にとって一番大事なのは、

2-2 損益計算書(PL)の構成

	売上高
−	売上原価
	売上総利益
−	販売費及び一般管理費
	営業利益
＋	営業外収益
−	営業外費用
	経常利益
＋	特別利益
−	特別損失
	税金等調整前当期純利益
±	税金等の調整
	当期純利益
−	非支配株主に帰属する当期純利益
	親会社株主に帰属する当期純利益

最後の**「親会社株主に帰属する当期純利益」**です。なぜなら、その金額によって配当が決まり、株価にも大きな影響を与えるからです。もちろん、そこまでの各利益も、親会社株主に帰属する当期純利益に影響を与えるので、大切なことは言うまでもありません。

では、実際の企業の損益計算書を見てみましょう。とりあげるのは、ファーストフードの日本マクドナルドホールディングス（以下、日本マクドナルド）

2-3 日本マクドナルドホールディングスの連結損益計算書（2020年12月期決算）

（単位：百万円）

	前連結会計年度（自 2019年1月1日 至 2019年12月31日）	当連結会計年度（自 2020年1月1日 至 2020年12月31日）
売上高	281,763	288,332
売上原価	225,666	230,075
売上総利益	56,096	58,256
販売費及び一般管理費	28,078	26,966
営業利益	28,018	31,290
営業外収益		
受取利息	115	123
受取補償金	351	547
受取保険金	254	349
貸倒引当金戻入額	-	65
受取手数料	259	58
その他	292	276
営業外収益合計	1,273	1,421
営業外費用		
支払利息	27	15
貸倒引当金繰入額	701	-
店舗用固定資産除却損	887	990
その他	187	279
営業外費用合計	1,804	1,286
経常利益	27,487	31,425
特別損失		
固定資産除却損	383	432
減損損失	149	438
特別損失合計	532	870
税金等調整前当期純利益	26,954	30,554
法人税、住民税及び事業税	9,531	10,140
法人税等調整額	537	226
法人税等合計	10,069	10,367
当期純利益	16,885	20,186
親会社株主に帰属する当期純利益	16,885	20,186

の2020年12月期決算です。

「売上高」は2883億3200万円と記載されています。これは、その会計期間内に商品やサービスを販売した金額です。小売業やサービス業などの一部の業種では**「営業収益」**と呼ぶこともありますが、要するに「本業で得た売上」が、この一番上の金額で表されています。

日本マクドナルドは、ご存じの通り、ハンバーガーを中心とした飲食業ですから、所有している土地や建物を販売して収入を得たとしても、売上高には計上されません。土地や建物を販売して売上高に計上するのは、不動産業など、それを本業とする企業です。

次の項目は「売上原価」で、2300億7500万円と記載されています。これは、売り上げた商品やサービスに直接かかった費用のことです。日本マクドナルドであれば、牛肉やバンズ、チーズなどのハンバーガーをつくるための原材料費、製造現場や店舗での水道光熱費など、さらには、一般的には製造やお店の運営に関わった人の人件費（労務費）などが、売上原価に含まれます。

売上原価で注意すべき点は、「売れた分だけ計上される」という点です。ハンバーガーをつくるために原材料を大量に仕入れても、売れていない分は売上原価に含まれません。在庫となります。つまり、売上原価と、製造原価や仕入れ原価は、イコールではないのです。つくった分、仕入れた分は、いったん、後述する貸借対照表の**「たな卸資産（＝在庫）」**となり、そのうち、売れた分だけが売上原価となります。

3つめの項目は「売上総利益」で、582億5600万円と記載されています。これは、「売上高−売上原価＝売上総利益」で計算され、小売業や卸売業では**「粗利《あらり》」「粗利益」**とも呼ばれます。本業の売上から直接得られた利益です。

4つめの項目は「販売費及び一般管理費」で、269億6600万円と記載されています。これは略して**「販管費」**と呼ばれることが多く、製品の製造やサービスの提供に直接関わらない費用のことです。**「売上原価は売上に直接関わる費用、販管費は直接関わらない費用」**と覚えておくとよいでしょう。

販管費として計上されるのは、テレビCMなどの広告宣伝費や営業促進にかかった費用、企業を運営するための費用などです。企業を運営するための費用とは、本社ビル、営業所などの毎月の賃貸料や光熱費、清掃費などのこと。製品の製造やサービスの提供に直接関わらない、営業や総務、経理などで働いている人たちの人件費も販管費に含まれます。

5つめの項目は「営業利益」で、312億9000万円と記載されています。これは、先ほどの売上総利益から販管費を差し引いたもので（売上総利益－販管費＝営業利益）、本業の儲けを表す非常に重要な数字です。

もし営業利益がマイナスなら、本業で儲けが出ていないということですから、企業活動に大きな問題があると言えます。**営業利益は「本業での実力値」**なのです。

日本マクドナルドは黒字ですし、前期よりも営業利益が増えていますので、経営は順調で、売上高営業利益率（営業利益÷売上高）も10％以上と、新型コロナの影響をほとんど受けず、絶好調と言えるでしょう。

本業以外にも様々な「収益」や「費用」がある

ここまでが、その企業の本業でのオペレーションによる収支実績を表す部分です。

一方、企業は本業以外でも収益を上げたり、費用を支払ったりしています。たとえば、預貯金の金利や保有している株の配当などが入ってきますし、逆に借りているお金があれば、その金利を支払わなければなりません。**営業利益より下に並んでいる項目と金額は、こうした本業以外で発生した収益、費用、利益（損失）**です。

具体的に見ていくと、「営業外収益」は、「受取利息」「受取補償金」「受取保険金」などが並び、「営業外収益合計」として、14億2100万円が計上されています。

その次が「営業外費用」で、「支払利息」「貸倒引当金繰入額」「店舗用固定資産除却損」などが並び、「営業外費用合計」として12億8600万円が計上されています。

その下にあるのが「経常利益」で、314億2500万円と記載されています。営業利益に営業外収益を足し合わせ、営業外費用を差し引いたもので（営業利益＋営業外収益−営業外費用＝経常利益）、**「けいつね」**とも呼ばれることがあります。

経常利益は、本業での利益に、本業以外で経常的に発生する利益（損失）を加えたもので、「経常的な事業活動の結果、生み出された利益」と言えます。

経常利益の下にあるのが、「特別損失」です。これは、この期にだけ発生した特別な損失で、日本マクドナルドの場合は、「固定資産除却損」と「減損損失」があり、「特別損失合計」として8億7000万円が計上されています。

日本マクドナルドの損益計算書にはありませんが、この特別損失の上に「特別利益」が記載されているのが一般的です。

経常利益に特別利益を足し、特別損失を引いたものが、「税金等調整前当期純利益」（経常利益＋特別利益－特別損失＝税金等調整前当期純利益）で、日本マクドナルドの場合、305億5400万円となっています。

さらに、法人税などの税金を調整し、最後に残った利益が「当期純利益」で、201億8600万円が計上されています。

当期純利益の下に、「親会社株主に帰属する当期純利益」という項目があり、当期純利益と同じ金額が記載されています。「非支配株主に帰属する当期純利益」という項目がある場合には、その金額を差し引いた金額が親会社株主に帰属する当期純利益となるのですが、日本マクドナルドには該当するものがないため、当期純利益と親会社株主に帰属する当期純利益が同額となっています。

日本マクドナルドの株主にとって最も大事な利益が、一番下に記載されている、この利益です。

少しややこしいですが、非支配株主についても簡単に説明しておきましょう。

親会社がもつ子会社の中には、親会社以外の企業や個人が一部の株をもっている子会社が

2-4 それぞれの利益の違い

売上総利益	売上から原価を引いた、いわゆる「粗利」
営業利益	「本業での実力値」を表す
経常利益	本業での利益＋本業以外で経常的に発生する利益（損失）
税金等調整前当期純利益	経常利益に、「一時的に生じた収入（費用）」を足した（引いた）もの
当期純利益	税金を調整し、最終的に残った利益（損失）
親会社株主に帰属する当期純利益	親会社以外の株主（非支配株主）に帰属する当期純利益を差し引いたもの

あります。この親会社以外の株主を非支配株主と言います。子会社の当期純利益も、損益計算書上、100％合算《がっさん》されますが、その一部は、本来、非支配株主に帰属すべきものです。

非支配株主の分の当期純利益を当期純利益から差し引くことで、親会社株主に帰属する分だけの当期純利益が算出されるというわけです（ちょっとややこしかったですか。難しければ、親会社の株主に帰属する利益が「親会社株主に帰属する当期純利益」とだけ理解してください）。

貸借対照表の構造をしっかり理解する

損益計算書は構造がシンプルなので、多くの人がその見方についてはおおむね理解していると思います。

一方、多くの人が最初はその見方をあまり理解できないのが、貸借対照表ではないでしょうか。「貸借対照表を見るのは苦手」という人が多い印象があります。

貸借対照表の基本的な構造をある程度理解できていると、企業分析の質が上がりますので、ここで説明しておきましょう。特に、「安全性」を見るうえではとても大切です。せっかく株を買うなら安全性の高い企業を買いたいですよね。

といっても、基本的なことなので、それほど難しくはありません。すでに理解している人は、読み飛ばしてもらっても結構です。

貸借対照表は、左ページの図のように左右に分かれており、左サイドが**「資産の部」**、右サイドが**「負債の部」**と**「純資産の部」**です。この左サイドの合計金額と右サイドの合計金

2-5 貸借対照表(BS)の基本構造

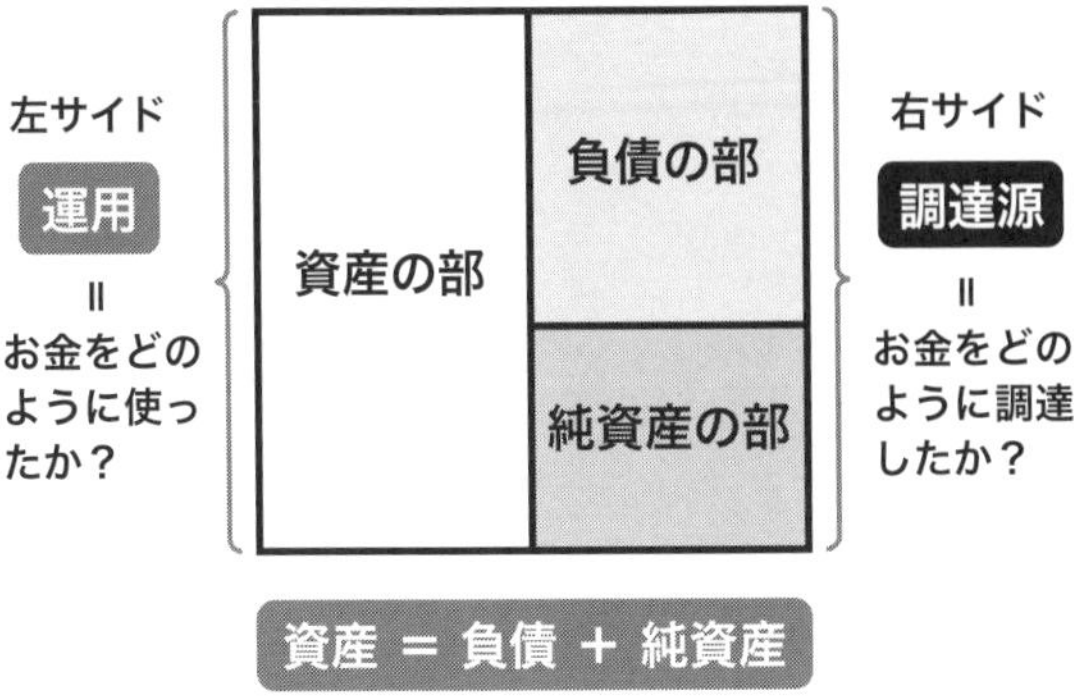

額は必ず一致します。それゆえ、貸借対照表は**「バランスシート」**とも呼ばれます。

では、「資産」とは何のことでしょうか。**資産とは、その企業がもっている財産のこと**です。企業を経営していくうえで必要な資金はもちろん、製品をつくるための原材料や機械、工場やオフィスなどの建物、商品の在庫、机やいす、パソコンにいたるまで、すべて資産です。こうした資産を種類ごとにまとめて記載しているのが、貸借対照表の左サイド、資産の部です。

他方、これらの**資産を買うためには資金が必要ですが、そのお金をどのように調達したのかをまとめたのが、右サイドの負債の部と純資産の部**です。

つまり、**貸借対照表の右サイドは「お金をどのように調達したか」**、**左サイドは「そのお金を何に使ったか（運用したか）」**が書かれており、だからこそ、貸借対照表の左右のそれぞれの合計は同じ金額になるのです。計算式にすると、次のようになります。

資産＝負債＋純資産

「負債」を返せないとき、企業は倒産する

それでは、「お金をどのように調達したか」を表す右サイドの上にある負債と、下にある純資産は、何が違うのでしょうか。

簡単に言うと、**いずれ必ず返さなければいけないお金が負債で、返さなくてもいいお金が純資産**です。

たとえば、銀行から借りたお金は返さなければいけませんから負債です。従業員に将来払わなければいけない退職金なども負債です。

これに対して、株主に出資してもらったお金は、株主から預かっているお金ですが、企業

2-6 負債と純資産の違い

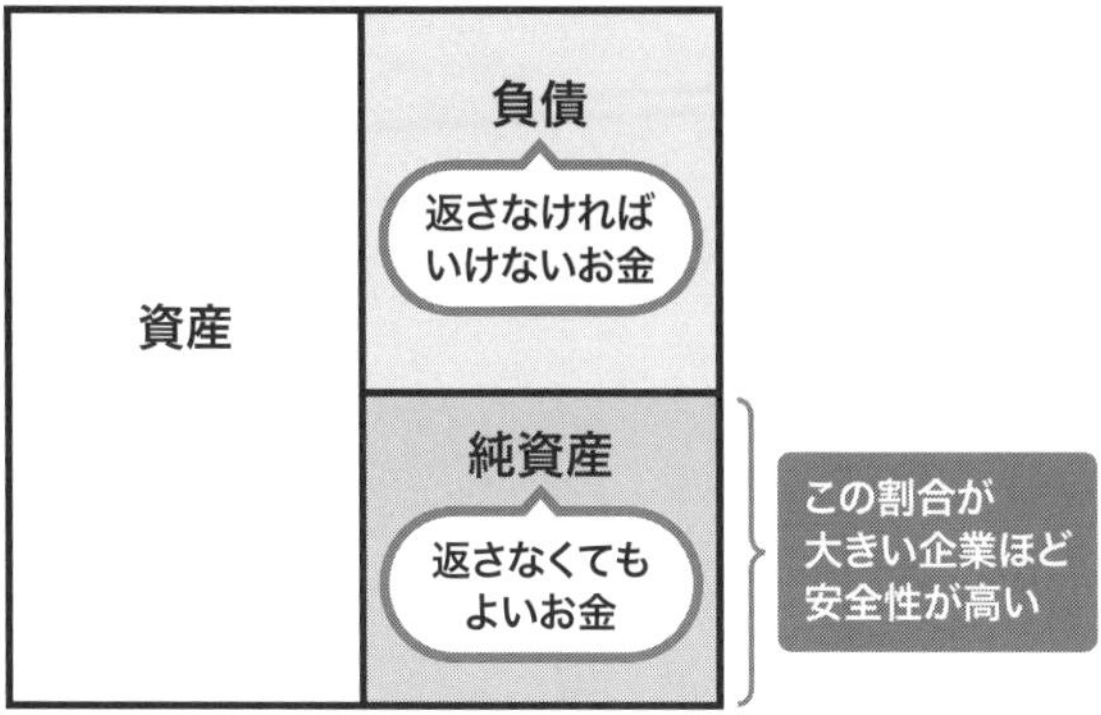

を解散でもしない限り返す必要のないお金なので純資産になります。事業によって生み出した利益の蓄積（**「利益剰余金」**と言います）も株主に帰属するものですが、会社を解散でもしない限り返す必要がないお金なので純資産です。

突然ですが、ここで問題です。企業が倒産するときは、どんなときでしょうか。

商品が売れなくなったときでも、赤字になったときでもありません。**企業が倒産するのは、負債が返済できなくなったとき**です。

つまり、**貸借対照表の右サイドの負債の割合が大きい企業は、それだけ倒産リスクが高く、安全性が低いと言え、逆に、純資産の割合が大きい企業は、安全性が高いと言える**のです。この負債と純資産の割合をチェックするための指標としては**「自己資本比率」**というものがあります。一度は目にしたり耳にしたことがあるのではないでしょうか。のちほどあらためて説明します。

「流動」と「固定」って何が違うの？

貸借対照表を見ると、左サイドの資産の部は、**「流動資産」**と**「固定資産」**に分かれています。右サイドの上、負債の部も**「流動負債」**と**「固定負債」**に分かれています。純資産の部にはこうした分類はありません。

では、流動と固定は何が違うのでしょうか。

流動資産は、通常の営業循環内、主に1年以内に使ったり回収したりする資産です。**固定資産はそれ以外で、長期にわたって使う資産**のこと。

流動負債は1年以内に返済しなければいけない負債で、固定負債は1年後以降に返済すればいい負債のことです。

流動資産には1年を超えて保有する原材料なども含まれますが、負債に関しては、流動か

2-7 「流動」と「固定」の違い

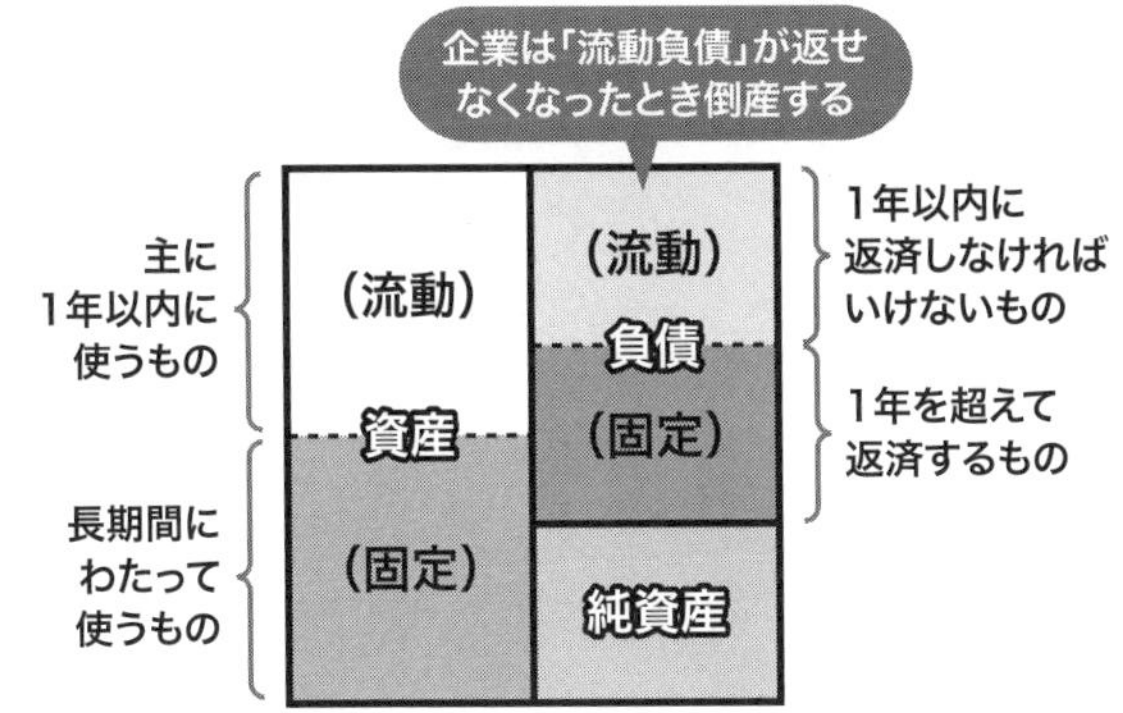

固定かは「ワンイヤールール」が比較的厳格に適用されます。

短期の安全性は「流動比率」「当座比率」で分かる

企業の安全性についてより詳しく知るために、さらに貸借対照表を見ていきましょう。

まず、企業の安全性には「短期」の安全性と「中長期」の安全性の2つがあります。

短期的に安全かどうかを見る指標は、「流動比率」、または「当座比率」です。

流動比率は、次の式で計算できます。

流動比率＝流動資産÷流動負債

先ほど、「企業は負債を返済できなくなったときにつぶれる」と言いましたが、より正確には「流動負債を返済できなくなったとき」です。

そこで、1年以内に返済する義務がある流動負債に対して、流動資産がどれだけあるかを計算することで、短期の安全性を調べます。

一般的には、**流動比率が120%程度あれば、安全だと言えるでしょう**。

ただし、鉄道業なら50%程度、小売業や飲食業などのように日銭《ひぜに》が入ってくる業種や企業は流動比率が70%以上あれば安全だと言えます。

また、電力会社やガス会社なども、毎月確実に代金を回収でき、業績が比較的安定しているため、流動比率が低くても安全だと言えます。

逆に、流動比率が高くても一概に安全だとは言えないのが、医療や介護業界です。なぜかと言えば、医療保険や介護保険があるため、日銭が入ってこないからです。

医療の自己負担は3割（70歳未満の場合）、介護は基本的に1割ですから、その分しか日銭が入ってきません。残りの7割、9割は、1カ月半から2カ月ほど先に政府の保険から受け

2-8 流動比率

■短期的な安全性が分かる

流動比率 ＝ 流動資産 ÷ 流動負債

安全性の目安は

120% 以上

（ただし、小売業、飲食業のように日銭が入ってくる業種は70%以上あればOK）

日本マクドナルドの場合

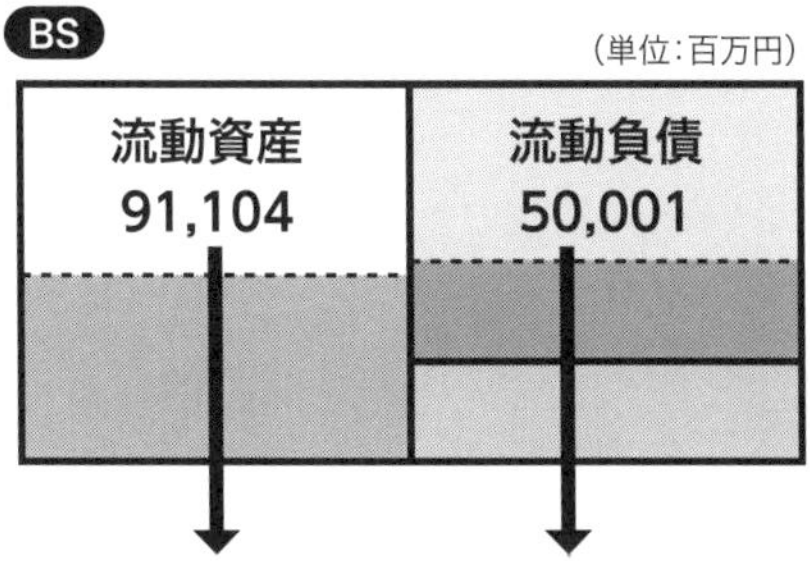

流動資産		流動負債		流動比率
91,104	÷	50,001	＝	182.2%

まったく問題ない

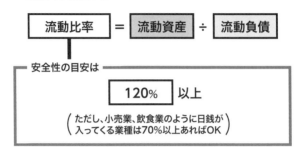

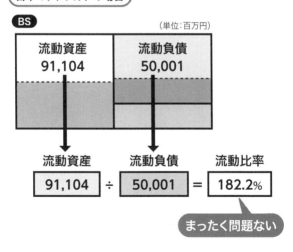

取ることになります。回収不能になることはほとんどありませんが、売上が伸びるときには資金繰りが苦しくなりがちなのです。

このように、指標を見るときは、業種や企業の特殊性なども考慮する必要があることを覚えておいてください。

では、実際の企業の財務諸表を見て、流動比率を求めてみましょう。取り上げるのは、損益計算書のときと同じく、日本マクドナルドの2020年12月期決算です（188〜189ページ）。

流動資産は911億400万円、流動負債は500億100万円です。流動比率の式に当てはめると、次のようになります。

流動資産911億400万円÷流動負債500億100万円＝1・822

1・822を％に直すと182・2％。日本マクドナルドは日銭の入ってくる飲食業ですから70％程度以上あれば安全なので、短期の安全性は十分に高いと判断できます。

短期の安全性を見るもう1つの指標が、当座比率です。当座比率は、流動比率よりも厳しく短期の安全性を見ることができます。計算式は次の通りです。

当座比率＝当座資産÷流動負債

当座資産は、流動資産の中でも、より現金化しやすい資産のことで、現金や預金、受取手形、売掛金、有価証券などです。正確には、これらの合計金額から、回収できない可能性がある受取手形や売掛金（「貸倒引当金」と言います）を差し引いたものが当座資産です。

流動負債に対して、この当座資産がどれだけあるかを計算することで、流動比率よりも厳しめに短期の安全性を見ることができます。一般的には、当座比率が90％以上あれば安全だと言われます。業種や企業による違いは、流動比率と同様です。

では、日本マクドナルドの当座比率を求めてみましょう。現金及び預金が627億4100万円、その下の売掛金が216億6800万円、回収できない可能性がある貸倒引当金は

（2020年12月期決算）

（単位：百万円）

	前連結会計年度（2019年12月31日）	当連結会計年度（2020年12月31日）
負債の部		
流動負債		
買掛金	983	793
リース債務	282	256
未払金	28,090	28,819
未払費用	6,872	6,972
未払法人税等	7,732	5,177
未払消費税等	2,259	2,523
賞与引当金	2,130	2,229
たな卸資産処分損失引当金	198	120
その他	5,427	3,110
流動負債合計	53,978	50,001
固定負債		
長期借入金	500	500
リース債務	420	551
賞与引当金	634	430
役員賞与引当金	422	203
役員退職慰労引当金	197	247
退職給付に係る負債	1,327	1,365
資産除去債務	4,041	3,956
繰延税金負債	-	3
再評価に係る繰延税金負債	291	291
その他	587	350
固定負債合計	8,422	7,901
負債合計	62,401	57,902
純資産の部		
株主資本		
資本金	24,113	24,113
資本剰余金	42,124	42,124
利益剰余金	97,216	113,016
自己株式	△ 2	△ 2
株主資本合計	163,452	179,251
その他の包括利益累計額		
土地再評価差額金	△ 4,242	△ 4,242
退職給付に係る調整累計額	84	72
その他の包括利益累計額合計	△ 4,157	△ 4,169
純資産合計	159,295	175,081
負債純資産合計	221,696	232,984

ここが自己資本

自社株買いはマイナス計上

2-9 日本マクドナルドホールディングスの連結貸借対照表

（単位：百万円）

	前連結会計年度（2019年12月31日）	当連結会計年度（2020年12月31日）
資産の部		
流動資産		
現金及び預金	58,624	62,741
売掛金	19,496	21,668
原材料及び貯蔵品 ― たな卸資産	1,151	1,141
その他	6,033	5,562
貸倒引当金	△ 9	△ 9
流動資産合計	85,296	91,104
固定資産		
有形固定資産		
建物及び構築物	101,360	104,857
減価償却累計額	△ 49,088	△ 50,676
建物及び構築物（純額）	52,271	54,180
機械及び装置	17,180	17,872
減価償却累計額	△ 9,768	△ 9,448
機械及び装置（純額）	7,412	8,424
工具、器具及び備品	13,908	15,767
減価償却累計額	△ 7,255	△ 8,507
工具、器具及び備品（純額）	6,652	7,259
土地	18,288	19,386
リース資産	6,044	5,320
減価償却累計額	△ 5,442	△ 4,636
リース資産（純額）	602	683
建設仮勘定	1,174	1,637
有形固定資産合計	86,401	91,571
無形固定資産		
のれん	210	467
ソフトウエア	7,273	8,078
その他	694	694
無形固定資産合計	8,178	9,240
投資その他の資産		
投資有価証券	56	56
長期貸付金	9	9
繰延税金資産	4,718	4,501
敷金及び保証金	33,994	33,748
その他	4,361	3,991
貸倒引当金	△ 1,320	△ 1,237
投資その他の資産合計	41,819	41,068
固定資産合計	136,399	141,880
資産合計	221,696	232,984

2-10 当座比率

流動比率をより厳しめに見る

当座比率 ＝ 当座資産 ÷ 流動負債

流動資産のうち、現金化しやすいもの。
現金及び預金、受取手形及び売掛金、有価証券など

安全性の目安は

一般的には 90% 以上

日本マクドナルドの場合

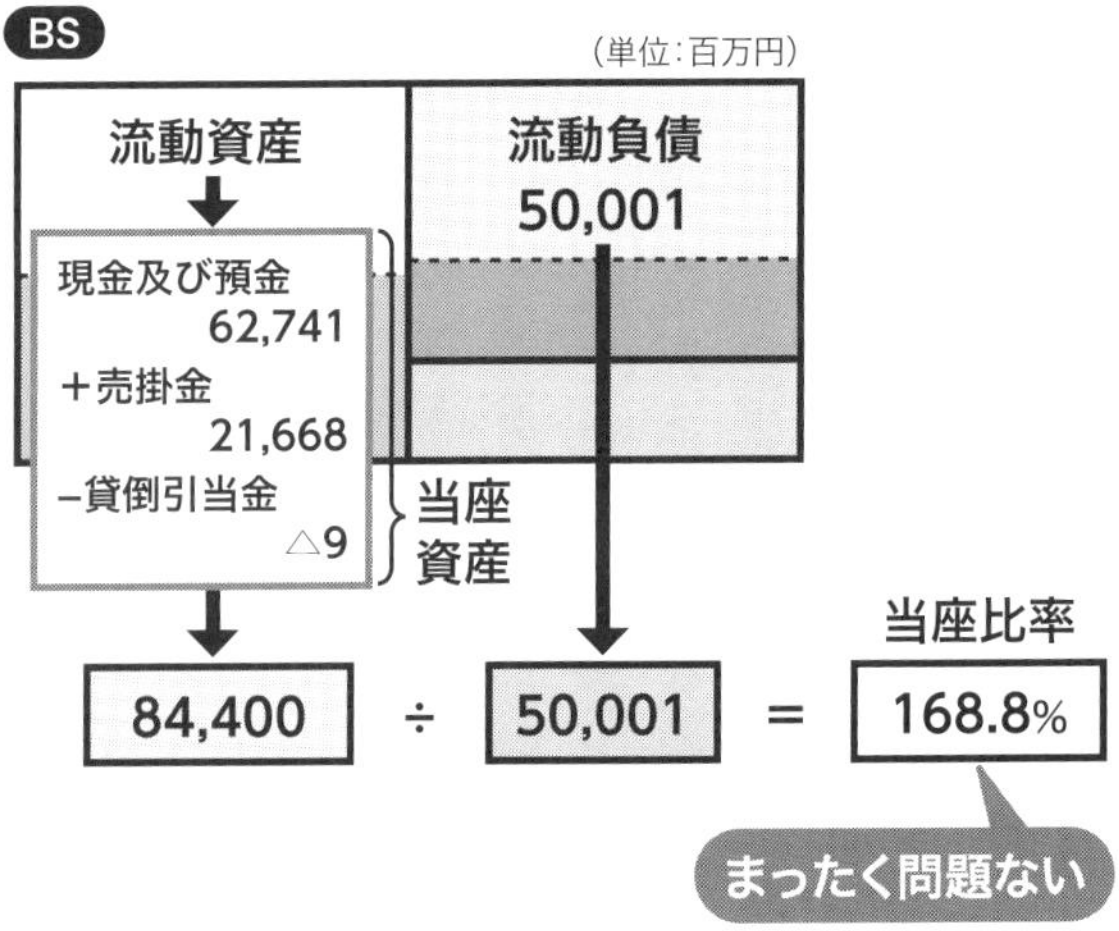

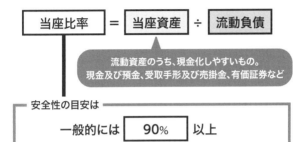

900万円です。流動負債は500億100万円でしたので、当座比率の式に当てはめると次のようになります。

当座資産（627億4100万円＋216億6800万円－900万円）
÷流動負債500億100万円＝1・688

168・8％ですから、一般的な安全基準値90％を満たしています。厳しめに見ても、短期の安全性、当座比率も十分に高いと言えるでしょう。

「自己資本比率」で中長期の安全性を見る

流動比率か当座比率のどちらかで短期の安全性を確認したら、次に中長期の安全性を調べます。中長期の安全性を示す指標は、「自己資本比率」です。自己資本比率は、次の式で求められます。

自己資本比率＝純資産÷資産

純資産は、先に説明したように、返済する必要のないお金のことで、返済する必要があるお金が負債でしたね。企業としては、返済義務がある負債よりも、返済義務がない純資産が多いほど、中長期の安全性が高くなります（決算短信などでは、純資産の一部である「株主資本」と「評価・換算差額＝その他の包括利益累計額」の合計を「自己資本」として自己資本比率を計算するやり方もありますが、計算の容易さと、多くの企業ではそれほど大きな差が出ないため、本書では「純資産÷資産」を自己資本比率とします）。

では、自己資本比率が何％以上なら安全だと言えるのでしょうか。

これも業種によって違います。

工場や建物などの「固定資産」を多くもつ**製造業は、自己資本比率が20％以上あれば、安全だと言えます**。販売したけれども回収できていない売掛金や在庫などの**「流動資産」が多い商社や卸売業などは、自己資本比率が15％以上あれば安全**だと私は判断しています。

これら以外の業種でも、**自己資本比率が10％以上あることが中長期の安全性の判断基準**と

2-11　自己資本比率

■中長期的な安全性を見る

自己資本比率 ＝ 純資産 ÷ 資産

安全性の目安

どんな業種でも10%以上ないと危険！

（ただし、金融業は10%なくても問題ない場合が多い）

日本マクドナルドの場合

BS

（単位：百万円）

資産	負債
232,984	純資産 175,081

純資産		資産		自己資本比率
175,081	÷	232,984	＝	75.1%

十分に安全な水準をキープしている

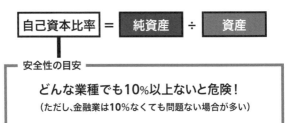

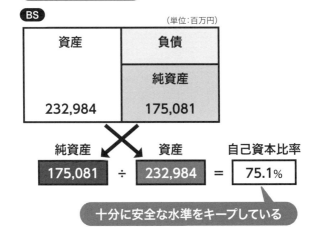

なります。10%を切っていたら「過小資本」で、安全性の低い状態だと判断してください。

例外は金融業です。金融業は、お金を扱っていますから、現金を潤沢《じゅんたく》にもっており、収益性も高い業種のため、自己資本比率が10%を切っていても安全だと言えます。

ちなみに、トヨタ自動車の自己資本比率は37・6%(2021年3月期)、三菱商事の自己資本比率は30・1%(2021年3月期)で、どちらも十分に安全だと言えるでしょう。

一方、三菱UFJフィナンシャル・グループの自己資本比率は4・7%(2021年3月期)ですが、金融業ですから、これでも安全です(数値はいずれも「決算短信」による)。

では、日本マクドナルドの自己資本比率を求めてみましょう。純資産は1750億8100万円で、資産は2329億8400万円ですから、式に当てはめると次のようになります。

純資産1750億8100万円÷資産2329億8400万円=0・751

日本マクドナルドの自己資本比率は75・1%と非常に高く、中長期の安全性も万全だと言えます。

経営危機時には「手元流動性」を真っ先にチェック

企業の安全性を調べるには、平常時には「流動比率」「当座比率」「自己資本比率」の3つをチェックすれば十分です。しかし、いざ倒産危機というときに私が真っ先に見るのは、この3つではなく、**「手元流動性」**という指標です。これは、すぐに使えるお金がどれだけあるかを表す指標で、次の計算式で求められます。

手元流動性＝
（現預金＋有価証券などのすぐに現金化できる資産＋すぐに調達できる資金）÷月商

月商は年間の売上高を12で割ったものです。

現預金と有価証券は貸借対照表に載っていますが、「すぐに調達できる資金」がどのくらいあるかは、その企業の関係者でなくては分かりません。そして、いざというときには、すぐに調達できる資金はないと考えたほうがいいので、投資家として手元流動性を求める場合には、次の式で計算してください。

手元流動性＝（現預金＋流動資産の有価証券）÷月商

手元流動性の安全基準値は、大企業で１カ月分、東証二部上場くらいの中堅企業で１・２〜１・５カ月分、中小企業で１・７カ月分です。

企業規模が小さいほど手元流動性が多く必要になるのは、資金を調達できるスピードが遅いからです。一部上場企業であれば、取引銀行などに頼めば何十億円、場合によっては１００億円単位の資金を即日調達できることもあります。

ここでも、日本マクドナルドの財務諸表で、手元流動性を計算してみましょう。

貸借対照表の資産の部、流動資産の一番上に「現金及び預金」とあり、金額は６２７億４１００万円。流動資産の中に有価証券はありませんので、０円です。

月商は、年間の売上高を12カ月で割れば求められます。損益計算書を見ると、一番上に売上高があり、２８８３億３２００万円です。これを12で割ると、約２４０億２８００万円。

2-12 手元流動性

■資金繰りを続けられるかどうかが分かる

$$\boxed{手元流動性} = \left(\begin{array}{c}現預金＋\\流動資産の有価証券\end{array}\right) ÷ 月商$$

安全性の目安は

大企業 ➡	**1**カ月分

中堅企業 ➡ **1.2～1.5**カ月分
（JASDAQ上場、東証二部上場くらいの）

中小企業 ➡ **1.7**カ月分

日本マクドナルドの場合

BS （単位：百万円）　　PL （単位：百万円）

流動資産
↓
現金及び預金
62,741

売上高
288,332

$$62,741 ÷ \frac{288,332}{12 (カ月)} = 2.6 カ月分$$

安全基準をクリアし、十分な資金を確保している

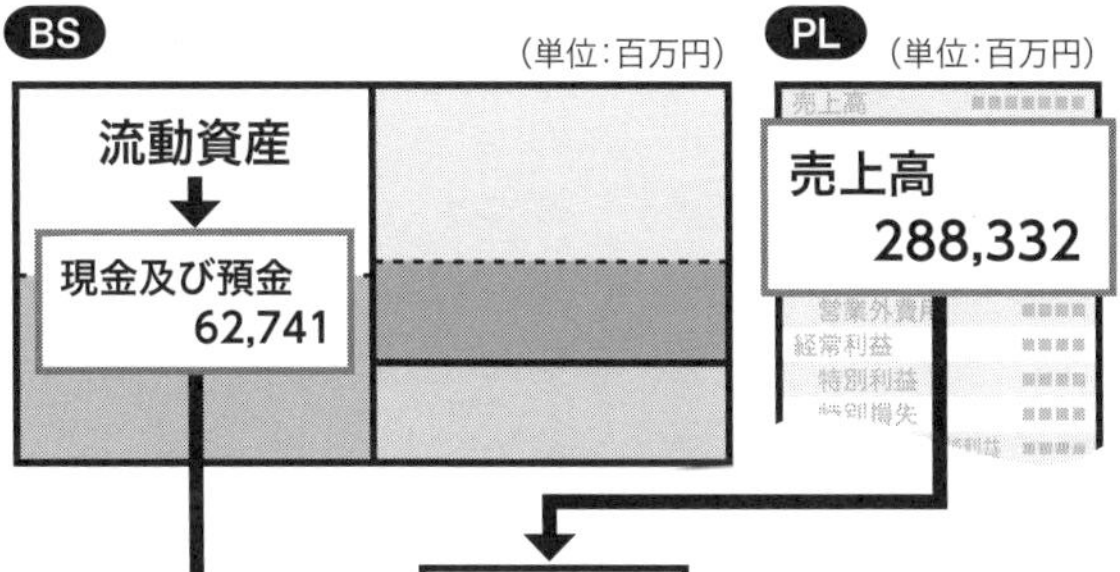

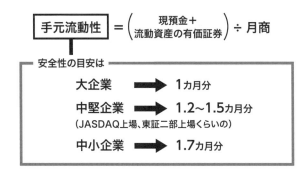

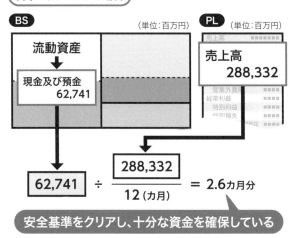

手元流動性の式に当てはめると次のようになります。

（現預金627億4100万円＋流動資産の有価証券0円）

÷月商240億2800万円

＝2・6カ月分

日本マクドナルドの手元流動性は約2・6カ月分ですから、安全基準値を大きく上回っており、短期的な資金繰りに関してもまったく問題ないことが分かります。

「売上高成長率」がなぜ重要なのか？

企業の安全性を確認したら、次に稼ぐ力がどれだけあるか、「収益性」を調べましょう。最初に見るべき指標が、**「売上高成長率」**です。売上高が前の期に比べてどれだけ増えているかが売上高成長率です。次の式で計算できます。

売上高成長率＝（当期売上高－前期売上高）÷前期売上高

売上高成長率は、売上高がどれだけ伸びているかを表す指標ですが、なぜ売上高が伸びていることが大切なのでしょうか。私が考える理由は2つあります。

1つは、売上高が利益の源泉だから。売上高が伸びれば、一般的には利益も伸びます。

もう1つは、**売上高はその企業の社会でのプレゼンス（存在感）や影響力を表しているか**らです。売上高が伸びていないということは、お客さまに喜んでもらえていない、社会への貢献度や社会の中での存在感が下がっているということなのです。

売上高成長率を見るときには、なぜ上がったのか、なぜ下がったのかを考えることも重要です。その理由が、今後の業績を考えるうえでの土台となるからです（売上高成長率は、決算短信の1枚目の要約のところの売上高の数字の横に出ています）。

そして、これは利益の伸びとも共通することですが、**長期的なトレンドで見ることが大切**です。長期的に伸びが期待できる企業の場合には、為替変動や市況などで一時的に利益が落ち、株価が下がったときは、むしろ買うチャンスかもしれません。

また、これは細かなチェックポイントで少し上級編ですが、売上高成長率とともにチェックしておきたい指標があります。特に危ない企業の場合です。

それは、在庫量（たな卸資産）の増減です。**売上高の増えた割合以上に貸借対照表上の在庫量が増えている場合や、売上高が減っているのに在庫量が増えている場合などは要注意**で、「売れない不良在庫」が増えている可能性があります。企業が通常のときならそれほど注意は必要ではありませんが、しんどいときなどは必ずチェックする必要があります。

貸借対照表の資産の部、流動資産に掲載される**「商品及び製品」「仕掛品」「原材料及び貯蔵品」**が在庫のことなので、ここで在庫量の増減を確認します。

では、日本マクドナルドの売上高成長率を求めてみましょう。当期売上高は2883億3200万円、前期売上高は2817億6300万円ですから、式で表すと次のようになります。

（当期売上高2883億3200万円－前期売上高2817億6300万円）
÷前期売上高2817億6300万円＝0・0233

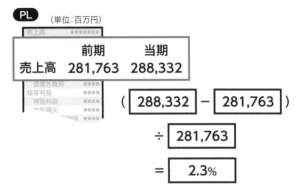

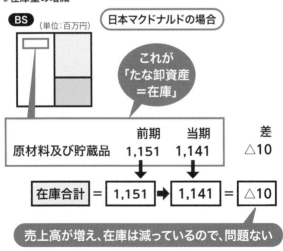

2-13 売上高成長率と在庫の増減をチェックする

▮売上高成長率

PL （単位：百万円）

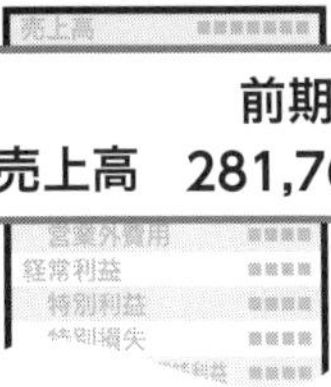

	前期	当期
売上高	281,763	288,332

（288,332 − 281,763）÷ 281,763 ＝ 2.3%

▮在庫量の増減

BS （単位：百万円）　日本マクドナルドの場合

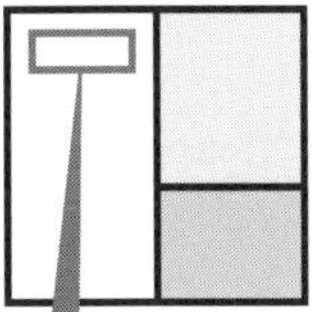

これが「たな卸資産＝在庫」

	前期	当期	差
原材料及び貯蔵品	1,151	1,141	△10

在庫合計 ＝ 1,151 ➡ 1,141 ＝ △10

売上高が増え、在庫は減っているので、問題ない

0・023を%に直すと2・3%。日本マクドナルドの売上高成長率は2・3%です。

次に、在庫量の増減を貸借対照表で確認すると、次のようになっています。

	(前期)	(当期)	(差)
原材料及び貯蔵品	11・51億円	11・41億円	0・1億円の減少

日本マクドナルドは、売上高が増え、在庫は減っていますので、まったく問題ありません。

効率のいい企業は「窮地」に弱い

資産が有効に活用されているかどうかを見る指標が**「資産回転率」**で、その企業が保有する資産に対して、どれだけ売上高があったかを表します。計算式は次の通りです。

資産回転率＝売上高÷資産

1000億円の売上高の企業が、1000億円の資産を保有しているとしたら、1000億円÷1000億円＝1で、資産回転率は1倍となります。単位は、％ではなく「倍」です。

製造業の場合は、資産回転率は1倍がおおむね標準です。

私たちのようなコンサルティング業やソフトウエア会社は、工場や製造機械などの資産が不要で、事務所が賃貸なら、現預金やパソコン、机、事務用品くらいしか資産がありません。それだけ「人」が重要になるわけですが、人材は会計上、資産に含まれないため、資産回転率が高くなり、2倍、3倍という企業も珍しくありません。

資産回転率の高い企業は資産を効率的に活用できていると言えますが、この**「効率性」は「安全性」とコインの裏表の関係にあります。**どういうことでしょうか。

資金繰りに窮《きゅう》したとき、土地や建物、機械などの資産は、ある程度は売ることができます。窮地に陥ったとき、万が一のときには、資産が資金繰りを助けてくれるのです。

2-14 資産回転率

■効率良く資産を活用できているかを見る

資産回転率 ＝ 売上高 ÷ 資産

収益性の目安は

1倍以上(製造業の場合)ならば
資産を効率良く活用できている

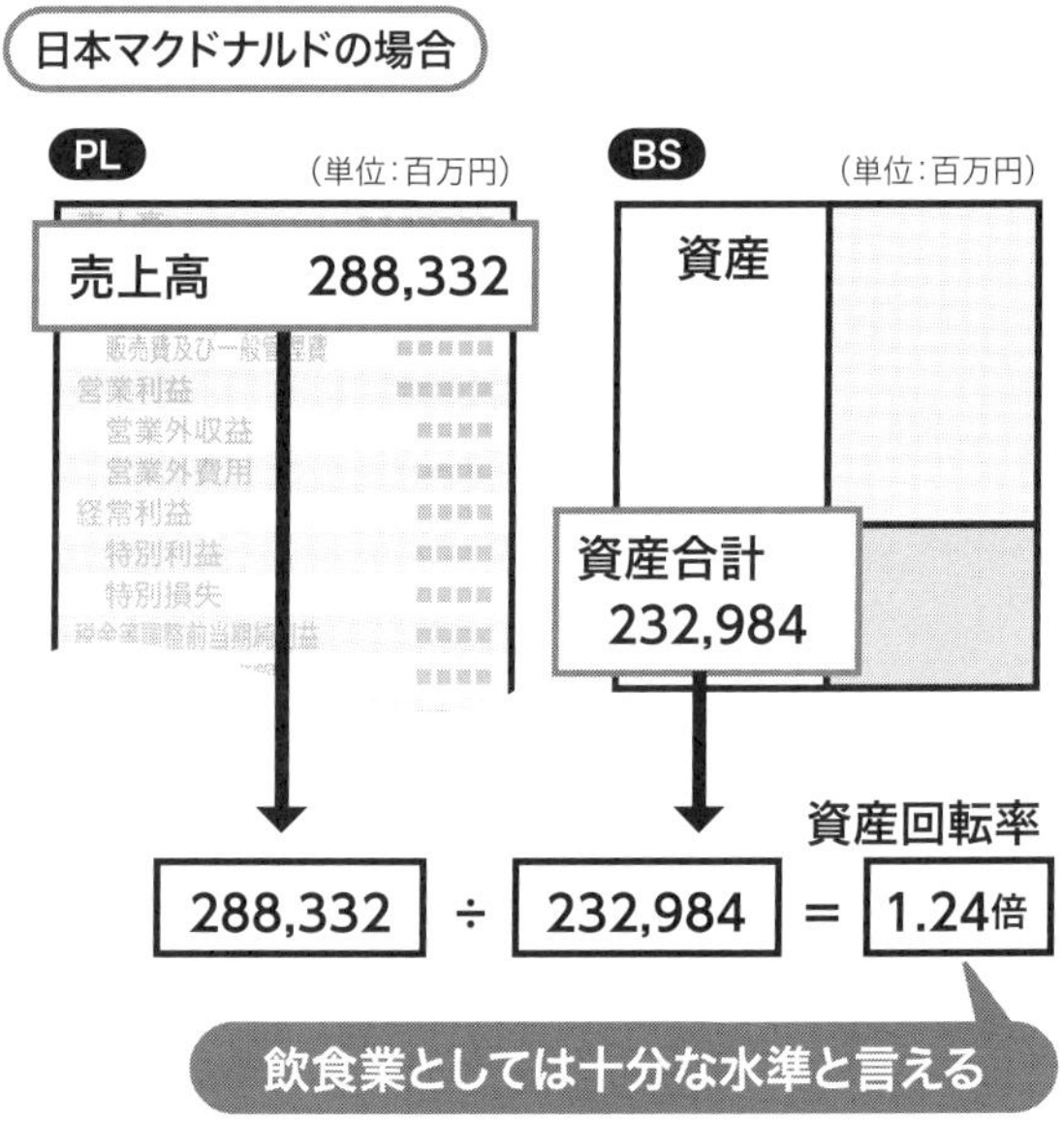

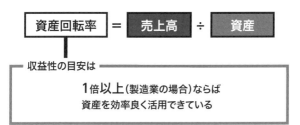

私たちのようなコンサルティング業は、不況で売上高が下がったときでも、人件費や賃料などは毎月支払わなければなりませんが、資産が少ないため売るものがなく、資金繰りが一気に苦しくなり、場合によっては運営が難しくなってしまいます。

つまり、多くの資産を保有しているということは、資産の効率性という観点からはマイナスですが、安全性の観点からはプラス要因なのです。これは、資産回転率に限ったことではありません。効率性と安全性がコインの裏表の関係というのは、そういうことです。

効率がいい企業ほど優良企業と思いがちです。確かに収益性という面ではその通りなのですが、**効率がいい企業は安全性の面ではリスクがある場合もある**ということを知っておいてほしいと思います。

では、日本マクドナルドの資産回転率を求めてみましょう。売上高は2883億3200万円、資産は2329億8400万円ですから、式に当てはめると次のようになります。

売上高2883億3200万円÷資産2329億8400万円＝1・24

日本マクドナルドの資産回転率は1・24倍です。飲食業としては、資産を効率良く活用していると言えるでしょう。

「売上高営業利益率」が何％以上なら高収益企業か？

その企業の収益性を見る際に、必ず見ておきたいのが、どれだけ本業で稼げているかを表す**「売上高営業利益率」**です。次の式で計算できます。

売上高営業利益率＝営業利益÷売上高

営業利益は、損益計算書を見れば掲載されています。売上高が1兆円で、営業利益が1000億円なら、1000億円÷1兆円＝0・1、売上高営業利益率は10％です。売上高営業利益率は、数字が大きいほど効率的に営業利益を出していると言えます。

では、売上高営業利益率が何％あれば、高収益企業と言えるのでしょうか。

これも、業種によって違いますが、**製造業であれば、10％以上あれば高収益企業だと言えるでしょう。**商社や卸売業は、売上高に占める仕入れの割合が大きいため、10％を超えることは難しいと言えます。

どの指標もそうですが、業種によって基準は変わります。かといって、すべての業種の基準値を覚えるのも大変です。**その企業の数値が高いのか、低いのかをチェックする方法としては、同業他社と比較するのが一番**です。

製造業とひと口に言ってもいろいろですから、できるだけ近い同業他社と比べると、その企業の数値が高いのか低いのかがよく分かります。

日本マクドナルドの売上高営業利益率を求めてみましょう。営業利益は312億9000万円、売上高は2883億3200万円ですから、式に当てはめると次のようになります。

営業利益312億9000万円÷売上高2883億3200万円＝0・109

10・9％と、非常に高いことが分かります。

2-15 売上高営業利益率

■効率的に営業利益が稼げているかが分かる

売上高営業利益率 ＝ 営業利益 ÷ 売上高

日本マクドナルドの場合

PL （単位：百万円）

売上高	288,332
営業利益	31,290

31,290 ÷ 288,332 ＝ 10.9%

同業他社と比較してみると

吉野家ホールディングスの場合

PL （単位：百万円）

売上高	170,348
営業利益	△5,335

△5,335 ÷ 170,348 ＝ △3.1%

**コロナ禍で、飲食業には
赤字に転落する企業が多い中、日本マクドナルドは
高い売上高営業利益率を出している**

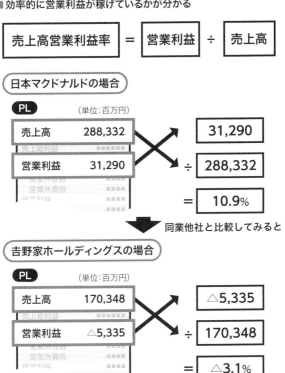

ちなみに、牛丼チェーンの吉野家ホールディングスの2021年2月期の決算短信を見ると、売上高が1703億4800万円、営業利益がマイナス53億3500万円で赤字。イタリアンレストランのサイゼリヤの2020年8月期の決算短信を見ると、売上高が1268億4200万円、営業利益がマイナス38億1500万円と、こちらも赤字です。

新型コロナの影響で飲食店の多くが赤字に転落する中、テイクアウトに強みがある日本マクドナルドは10・9%もの高い売上高営業利益率を出しているのです。

配当の源泉「当期純利益」と「利益剰余金」

投資家が最も重視すべき指標の1つが、**「(親会社株主に帰属する)当期純利益」**です。

売上高ももちろん重要ですが、**税金も差し引かれたうえで、結局、いくら儲かったのかを示す当期純利益は、必ず見るべき指標**です。なぜなら、この**当期純利益が株主に帰属し、貸借対照表の純資産の部にある「利益剰余金」にいったん入って、そこから株主に配当が支払われる**からです。

正確に言うと、当期純利益は、「非支配株主に帰属する当期純利益」と「親会社株主に帰属する当期純利益」の2つに分けられ、親会社株主に帰属する当期純利益が株主のものであり、貸借対照表上の利益剰余金となって、配当の源泉となります。

日本マクドナルドの親会社株主に帰属する当期純利益は201億8600万円、利益剰余金は1130億1600万円です。

私は配当利回り3％を目指していると述べましたが、**配当を重視する投資家にとっては、当期純利益同様に、利益剰余金が重要**です。

トヨタ自動車は、リーマン・ショック後の赤字の際にも、投資家への配当を続けました。当期純利益がマイナスなのに、なぜ配当を出せるかと言えば、それまでの利益が利益剰余金として積み上がっていたからです（利益剰余金があれば、赤字でも「配当余力」があると言えます）。

逆に、当期純利益が黒字であっても、それまでの赤字によって利益剰余金がマイナスなら、配当を出すことはできません。

つまり、利益剰余金がないと、配当はできないということです。

配当のあるなし、上げ下げは、株価に大きな影響を及ぼします。ですから、企業によっては、子会社の業績悪化による特別損失の計上が予想される場合などに、同等の含み資産を売却して特別利益を出して穴埋めしてまで、純利益を出すこともあります。

「配当性向」と「配当利回り」の違い

配当の話が出たので、ここで**「配当性向」**と**「配当利回り」**の違いについても説明しておきましょう。

配当性向は、（親会社株主に帰属する）当期純利益の何％を配当に回したかの割合を示す指標です。計算式は次のようになります。

配当性向＝年間の配当支払総額÷当期純利益

または、

配当性向＝1株当たりの配当額÷1株当たりの当期純利益

上場企業の2021年3月期の平均配当性向は約4割でした（日本経済新聞電子版2021年7月2日）。以前に比べると株主還元を大きくしているため、配当性向は上がる傾向にあり、30％を切るとちょっと少ないという印象ではないでしょうか。

なかには配当性向が50％以上の企業もあります。好業績企業で自己資本比率が高く、利益剰余金も十二分にある場合には、機関投資家などが株主への還元を求めます。企業も無理に投資して損をするよりは株主に還元したほうがいいと考え、配当というかたちで還元すると、配当性向が50％を超えることがあるのです。

日本マクドナルドの配当性向はどのくらいでしょうか。2020年12月期の同社の決算短信を見ると、「1株当たりの年間配当額」は36円で、「1株当たりの（親会社株主に帰属する）当期純利益」は151円83銭ですから、式に当てはめると次のようになります。

1株当たりの年間配当額36円÷1株当たりの当期純利益151円83銭
＝0・237

2-16 配当性向

■当期純利益の何%を配当に回したかの割合が分かる

配当性向 ＝ 年間の配当支払総額 ÷ 当期純利益

（または、1株当たりの配当額÷1株当たりの当期純利益）

合格の目安は

30%を切ると、ちょっと少ないという印象

日本マクドナルドの場合

1株当たりの年間配当額 → 36円 ÷ 1株当たりの当期純利益 → 151.83円 ＝ 23.7%

少ないことが分かる

日本マクドナルドの配当性向は23・7%で、30%を切っており、あまり高くないことが分かります。

これに対して、配当利回りは、購入した株価に対して、1年間でどれだけの配当が得られたかを表す指標です。計算式は次の通りです。

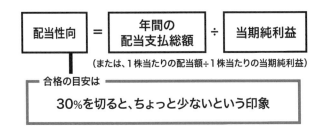

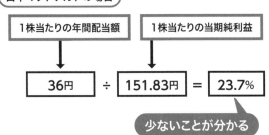

配当利回り＝1株当たりの年間配当額÷1株購入価額（または、現在の株価）

配当利回りは、現在の株価に対して計算する場合もあります。その場合は、1株購入価額ではなく、現在の株価で割ります。

1株1000円で買った企業の1株当たりの年間配当額が50円だった場合、50円÷1000円＝0・05となり、配当利回りは5％です。

『会社四季報』（東洋経済新報社）などには予想配当利回りが掲載されている企業もあります。これは、企業が発表している予想配当額に対して、現在の株価だとどれくらいの配当利回りかを示したものです。

「配当のいい会社」の見分け方

私は、前にも述べた通り、配当利回りの高い株を買うようにしています。もちろん、これまで見てきた安全性と収益性を見たうえで、配当利回りが高い企業を選んでいます。

左ページの表を見てもらうと分かるように、誰もが知る有名企業でも、配当利回りが3％

2-17 配当利回り3%以上の企業例

JT	6.22%
ソフトバンク	5.94%
日本郵政	5.49%
三井住友FG	5.38%
武田薬品工業	4.94%
住友商事	4.77%
積水ハウス	3.88%
キヤノン	3.63%
本田技研工業	3.19%

※2021年7月9日時点の予想配当利回り

以上の企業はいくつもあります。

こうした企業の安全性と収益性を普段から分析しておき、「これ」という企業を見つけておきます。そして、その企業の株価が安くなったときに買うのが、私のやり方です。

現在の株価で配当利回りが3%以上あれば、株価が安いときに買えば、さらに配当利回りが高くなりますので、購入価額に対する実質の利回りが5%を超えることもあります。

ただし、株価が安くなるのは経済環境の悪いときで、どの企業も業績が下がり、配当も減らす場合が多々あります。そうすると、その時点での予想配当利回りは低くなります。

つまり、**株価が安くなってから「どの企業を**

買おうか」と探し始めても、よく分からないのです。

だから、普段から企業分析を行い、株を買いたい企業の目星をつけておくことが大切です。

また、過去10年ぐらいさかのぼって配当額の実績を見ておけば、その企業の配当に対する考え方も分かります。

たとえば、花王は、配当利回り自体は２％台と、それほど高くないのですが、毎年、配当金額を上げています。１株当たり配当額を１円でも２円でもいいから毎年上げていくという方針なのでしょう。

もう1つの株主還元「自社株買い」

配当以外の株主還元に、自社株の買い入れ消却があります。**企業が「自社株買い」を発表すると、今後、確実に株が買われるため、株価が上がる傾向があります。**これだけでも株主還元になりますが、さらに、自社株買いによって市場にある株数がその分減りますから、１株当たりの利益や1株当たりの配当が良くなるのです。

企業が自社株買いを行う理由の1つが、**「ROE（Return On Equity　自己資本利益率）」**を高めるためです。ROEの算出は、次の式によります（当期純利益は親会社株主に帰属するもの）。

ROE＝当期純利益÷自己資本

「自己資本」は、「純資産」のうちの**「株主資本」**に**「評価・換算差額（その他の包括利益累計額）」**を足し合わせたものです。株主資本は**「資本金」「資本剰余金」「利益剰余金」「自己株式」**を足し合わせたもので、評価・換算差額は、少し難しいですが、時価会計などを行った際や外貨資産を評価したときなどに出る換算差額のことです。この評価・換算差額は、多くの企業ではそれほど大きな額ではありません。

自己資本と株主資本はほぼ同じと考えられるため、ROEを「株主資本利益率」と表記する場合もありますが、ここでは自己資本利益率を使います。ROEの単位は「％」です。

ROEを高める方法には、
①計算式の分子に当たる「当期純利益」を大きくする
②計算式の分母に当たる「自己資本」を小さくする

という2つの方法があります。

企業が自社株買いをすると、「株主資本」の中にある「自己株式」という項目に、その分だけマイナス額として計上されます。なぜかというと、企業は購入した自社株を将来的には消却するのが一般的だからです。したがって、自社株買いをすると、その分だけ株主資本や自己資本が減り（つまり②）、ROEが高まります。

なお、ROEを計算するときの注意点が1つあります。それは、必ず「純利益」を使うという点です。**株主に帰属する利益は、営業利益でも経常利益でもなく、純利益**だからです。**自社株買いを行ったかどうかは、キャッシュ・フロー計算書の「財務活動によるキャッシュ・フロー」を見ると掲載されています。**これも配当同様、過去にさかのぼってチェックすると、その企業の方針が分かるのではないでしょうか。

2-18 ROE(自己資本利益率)

■ROEの計算式

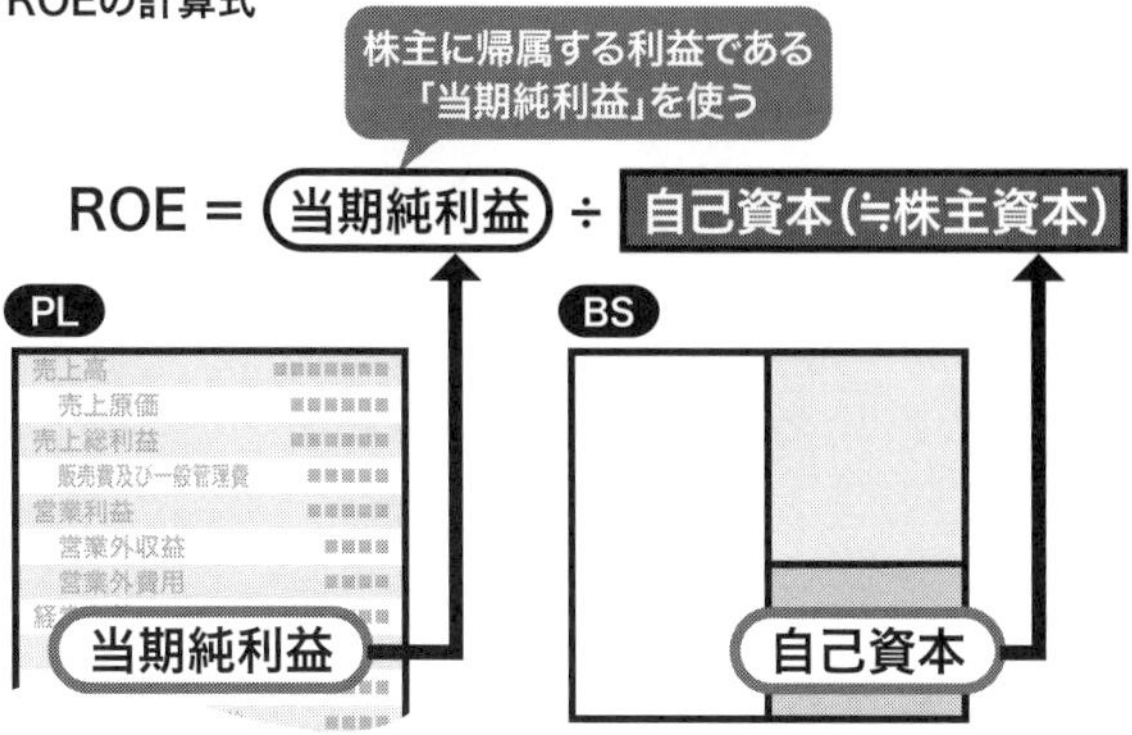

■「ROEが高い」とは？

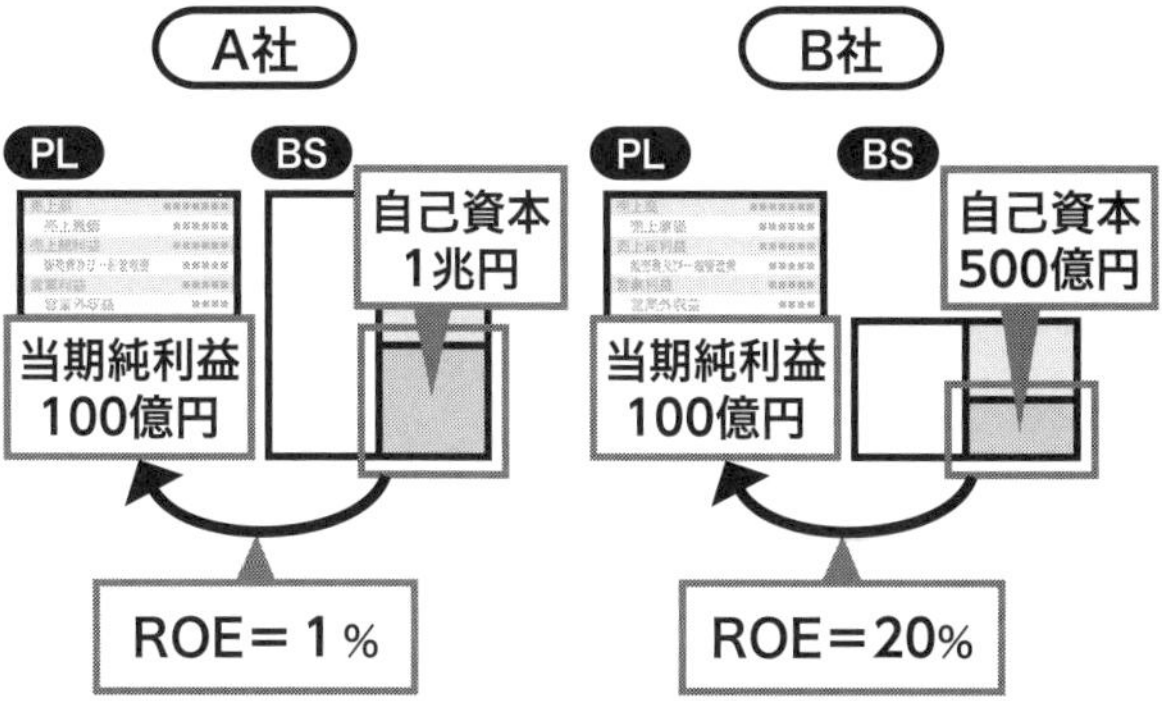

**「株主から預かったお金(自己資本)を使って、
効率良く利益を稼いでいる企業」かどうかが分かる**

「ROE」になぜ注目が集まるのか？

ROEに最も注目しているのは投資家です。というより、投資家は自分の持分（＝自己資本）に対してどれだけのリターンが出ているかに、もちろん強い関心があります。そして、投資家はROEの数値も大きな参考材料として株を売買するため、自社の株価を下げたくない経営者は、ROEの数値に神経を使わざるを得ないのです。

特に機関投資家など、プロの投資家はROEの数値を非常に重要視しています。

なぜなら、**ROEが低い企業というのは、投資家から見れば、自分たちが預けているお金で効率良く利益を稼ぐことができていない企業で、ROEが高い企業は、自分たちが預けているお金で効率良く利益を稼ぐことができている企業**だからです。どちらに投資したいかといえば、それは効率良く利益を稼いでいる企業でしょう。

投資家の多くがそう考えれば、ROEの低い企業の株は売られ、株価が下がります。投資家は、配当とともに株価の上昇を望んでいますから、ROEの低い企業から高い企業へ資金を移すことになり、ROEの低い企業の株価は低迷することになります。

株価が低迷する企業は時価総額が低くなるため、他の企業やファンドから買収されやすくなります。したがって、それを避けるためにも、上場企業の経営者は、ROEの数値を上げるような手を打つ必要に迫られ、自社株買いを行うことがあるのです。

先述したように、自社株買いを行えば、それだけ自己資本が減り、ROEの計算式の分母の値が小さくなり、ROEの数値が高くなります。

自社株買いをして保有している株式（金庫株）は配当の対象とはならないため、実質的に1株当たりの純利益が増えます。1株当たりの純利益は配当の源泉ですから、それが増えれば当然株価が上がりやすくなり、配当と株の売買差益（キャピタルゲイン）の両方で投資家のリターンが増える可能性が高まります。

自社株買いは株価を上げる要因となりますので、経営者にとっても、投資家にとっても、メリットがあります。近年、自社株買いを行う企業が増えていますが、それはこうした理由からなのです。

自社株買いの2つのデメリット

では、自社株買いはメリットばかりで、デメリットはないのでしょうか。

企業の中長期の安全性を知る指標として自己資本比率を紹介しましたが、その計算式は、「自己資本比率＝純資産÷資産」でした。

自社株買いを行うと、純資産は減ります。純資産が減れば、自己資本比率も下がります。つまり、**自社株買いを行うと、中長期の安全性は低下する**のです。

手っ取り早くROEを高めようと自社株買いをやり過ぎると、純資産が減少して、自社の安全性が損なわれることがあるということを、投資家は知っておく必要があります。自社株買いが発表されたからといって、浮かれてばかりもいられないのです。

自己資本比率が高い企業が自社株買いを行うのは問題ありませんが、それほど高くない企業が自社株買いを行うと発表したときは中長期的な安全性が低下する可能性があるので要注意です。

2-19 「自社株買い」のメリット・デメリット

「自社株買い」のメリット

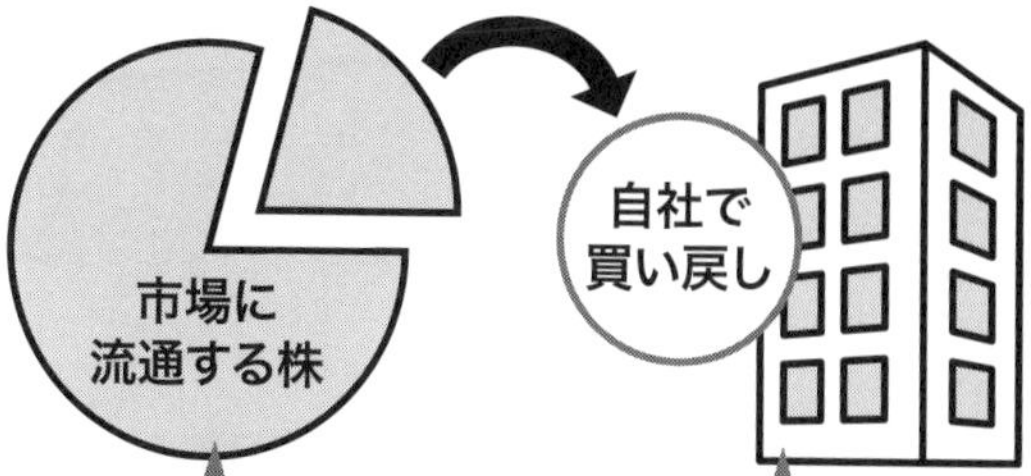

1株当たりの利益が増えることで株価が上がりやすい

➡株主が喜ぶ

株主資本のマイナス項目として計上され、自己資本が減る

➡ROEが高まる

「自社株買い」のデメリット

一般的に現預金を使って購入するため、流動比率（当座比率）が低下する

➡短期的な安全性が低下

純資産が減り、自己資本比率も下がる

➡中長期的な安全性が低下

「自社株買い」にはメリットも多いが、自己資本比率がそれほど高くない企業が自社株買いを行うと発表したときは注意が必要

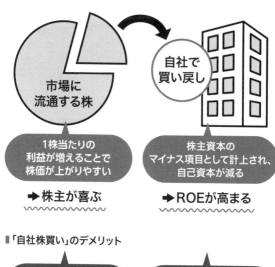

さらに、自社株買いのデメリットをもう1つ指摘しておきましょう。

企業が自社の株を買うときは、一般的に現預金を使って購入しますが、現預金が減ると、企業の短期の安全性に問題が出てくる可能性があります。

企業の短期の安全性を知る指標が何だったか覚えているでしょうか。紹介したのは、流動比率と当座比率。計算式はそれぞれ、「流動比率＝流動資産÷流動負債」「当座比率＝当座資産÷流動負債」でした。

現預金は、流動資産であり、当座資産ですから、それが減るということは、どちらの指標も低下します。企業は負債が返済できなくなったときに倒産するわけですから、現預金が減るということは、言い換えれば、短期的な倒産リスクが高まるということなのです。

現預金を使わずに、銀行からお金を借りて自社株買いを行えばいいのではないかと考える人もいるかもしれません。しかし、借入れをすると負債が増えてしまい、自己資本比率が下がってしまいます。

短期的な安全性は下がらない場合でも、中長期の安全性が下がるのは問題です。

このように、ROEを高めたいからと安易に自社株買いを行うのは、企業の安全性を損なう可能性があり、**安全性を犠牲にしてまでROEを高めるというのは、経営として健全では**

ないと言えます。そのあたりも注意して見ておく必要があります。

ROE偏重は企業を危険にさらす

投資家にとっても、企業がつぶれてしまっては元も子もありません。ただ、機関投資家などプロの投資家は短期間でパフォーマンスを評価されることが多いため、企業の中長期の安全性よりも、短期の結果を求める傾向が強いのも事実です。

直前の期末の当期純利益と自己資本から計算されるROEを高めるよう経営者にプレッシャーをかけ、中長期の安全性には目をつぶるプロの投資家もいるということです。

こうしたプレッシャーに経営者が負けてしまうと、安易な自社株買いに走ったり、コストカットに走ったりします。

ROEを高めるには、自己資本を減らすか、当期純利益を増やすしかないと述べましたが、人件費などのコストを一気に削減してしまえば、純利益をすぐに増やすことができます。

ただし、人件費の削減で給料や賞与が減れば、社員のモチベーションは下がるでしょうし、大幅な人員削減を行えば将来の業務に支障が出る恐れもあります。企業価値を生み出す源泉の1つは「人」ですから、中長期的には売上高や利益が減ることにもなりかねません。

高ROE企業は、一般的には優良企業です。だからといって、**ROEだけを見ているのは投資家としては危険で、中長期の安全性や収益性、今後の成長性なども考えた経営がなされているかということにも注意を払う必要がある**のです。

特に、長期投資を基本とする投資家は、短期の成果よりも、中長期の安全性や収益性などを重視するようにしてください。

「ROA」がより大事な理由

ROEと並べて表記されることも多い経営指標に、**「ROA（Return On Asset　資産利益率）」**があります。ROAは、「企業が資産（Asset）に対して、どれだけの利益を生んでいるか」を表しています。

資産は、貸借対照表の説明をしたときにも述べましたが、貸借対照表の左サイドのことです。ROAを計算する式は次の通りです。

ROA＝利益÷資産

利益は、損益計算書の営業利益、経常利益、当期純利益のどれを使ってもかまいません。資産を使って本業でどれだけ利益を稼いでいるかを知りたければ営業利益を使うのが普通ですが、株主の観点から当期純利益を分子に使っても問題ありません。

どの利益を使うにしても、**ROAが高い企業ほど、「資産を効率良く使って利益を稼いでいる」と言えます。**ROAもROE同様、単位は「％」です。

ROEが、貸借対照表の右サイドの下の部分の純資産の部の自己資本に対して、どれだけ当期純利益を稼いでいるのかを表すのに対して、ROAは、貸借対照表の左サイドの資産に対して、どれだけ利益を稼げているのかを表しています。

ですから、ROEを重視するというのは株主を重視することになりますが、裏を返せば、負債を提供する社債権者や銀行を二の次と考えているということです。

経営者は負債と純資産の両方に責任があり、負債＋純資産＝資産ですから、資産に見合ったリターンが出ているかを表すROAのほうが、ROEよりも経営指標としては重要だとい

うのが私の考えです。

そして、ROEを高めても必ずしもROAは高まりませんが、ROAを高めると必ずROEは高まります。

言い方を変えると、安易にROEを高めようとするのではなく、**「ROAを高めることでROEも高まる」というのが、経営者にとっての健全な考え方だろうと考えています。**

最後に目安となる数値について述べておくと、ROEは、2019年度、東証一部上場企業の平均が約6・7%ですから、**10%を超えていれば高ROE企業だと言えます。**ただ、これまで述べてきた通り、ROEだけが高くても真の優良企業だとは言えません。

ROAは、一般的には2%なら普通、5%以上なら優良と、私は見なしています。

また、景気や市況の波などによって一時的に純損失に転じる場合がありますので、**ROEやROAは、最低でも3年、できれば5年ぐらいの推移を見ること**をおすすめします。

日本マクドナルドのROEを計算してみましょう。「親会社株主に帰属する当期純利益」は201億8600万円、「自己資本」が1671億8800万円（期首残高と期末残高の平

2-20 ROAがROEよりも重要

■ROAの計算式

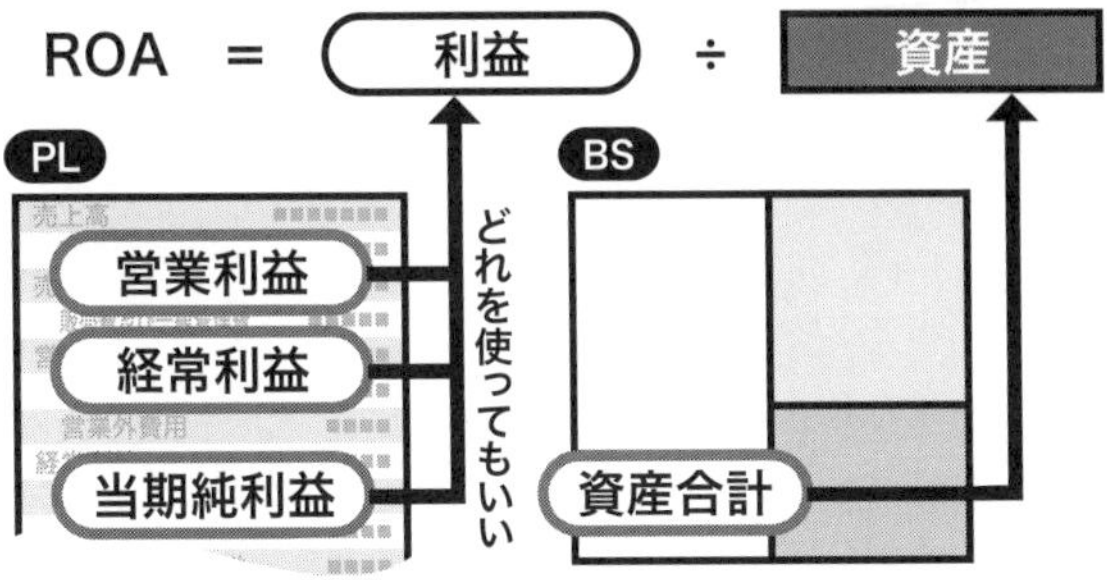

企業が資産に対して、どれだけの利益を
生んでいるかを示す指標

■「ROE」と「ROA」の違い

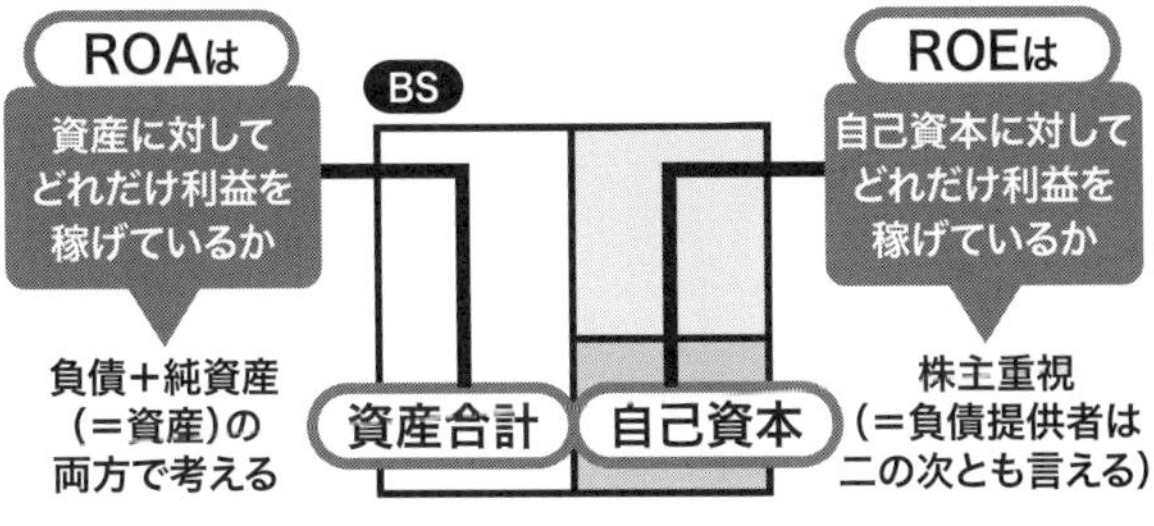

ROAのほうが、ROEよりも経営指標としては
重要であり、「ROAを高めることでROEも高まる」
というのが、経営者にとっての健全な考え方均値）ですから、式に当てはめると次のようになります。

親会社株主に帰属する当期純利益２０１億８６００万円
÷自己資本１６７１億８８００万円
＝０・１２１

日本マクドナルドのＲＯＥは12・１％と高いことが分かります。

次に、当期純利益に対するＲＯＡを求めます。資産は２２７３億４０００万円（期首残高と期末残高の平均値）ですから、式に当てはめると次のようになります。

親会社株主に帰属する当期純利益２０１億８６００万円
÷資産２２７３億４０００万円
＝０・０８９

日本マクドナルドのＲＯＡは純利益ベースで８・９％で、かなり高いことが分かります。

2-21 日本マクドナルドホールディングスのROEとROA

■ROE

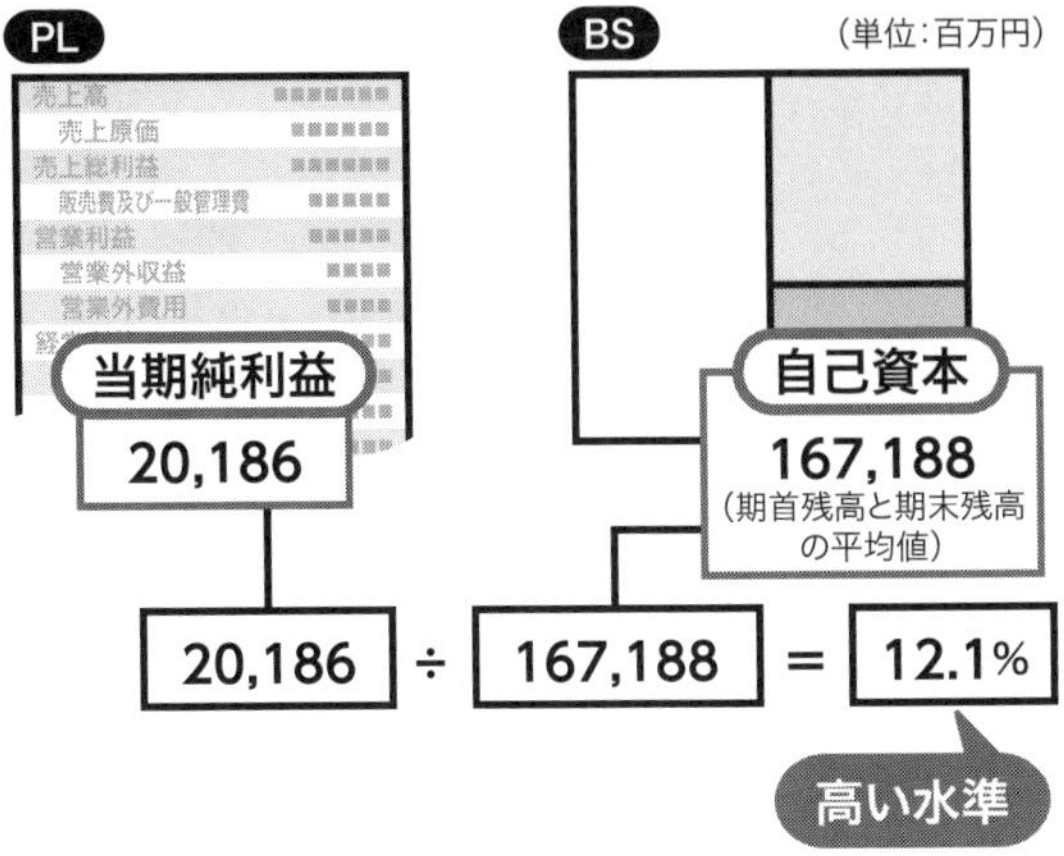

■ROA

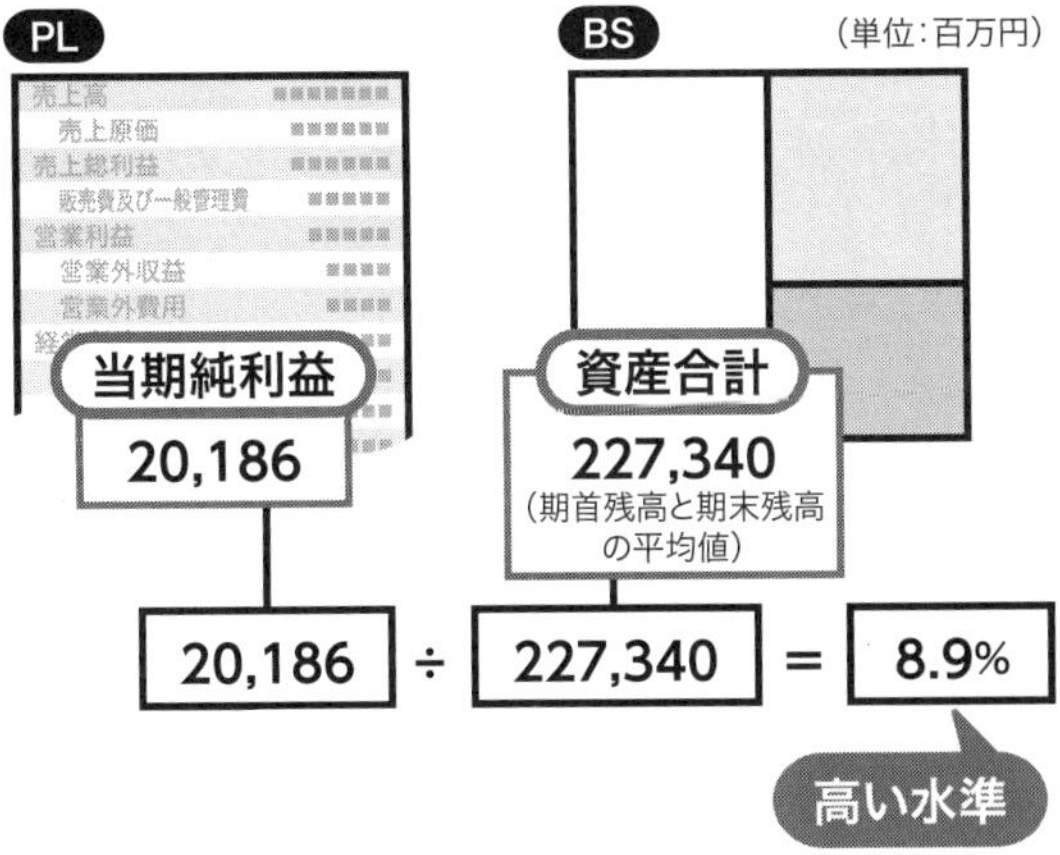

ROE、ROAともに非常にいい数値で、日本マクドナルドの収益力が高いことを示しています。

「増資」と「株式分割」は株主にとって損？

自社株買いが市場の株数の減少になるのとは逆に、株数を増やすのが「増資」と「株式分割」です。

増資は、資金を調達するために新たに株を発行することで、株主総会の特別決議が必要です。なぜなら、株主が損をすることになるかもしれないからです。株数が増えることで、1株当たりの純利益や純資産が減り、株価が下がる可能性があります。また、1株当たりの配当も下がる可能性があります。

たとえば、東証二部上場企業が東証一部に上場するときに増資を行うことがあります。増資によって得た資金で事業が拡大し、業績が上がれば、株価も上がり、配当金総額も増えるかもしれませんが、そうならなかった場合には、もし1割増資したら、1株の価値が110分の100になるわけですから、株数が増えた分だけ株価が下がり、配当も減る可能性が高いのです。

一方、株式分割は、株価が上がって高額になったときに行われることが多いです。1株を10株に分割すれば、理論上は、1株の株価は10分の1に下がります。株主にとっては、100株が10分割されれば、10倍の1万株になるだけですから、トータルの価値は変わりません。理論上は、損も得もしないのです。ただ、株価が下がることで投資家が買いやすくなり、需給が良くなって、株価が上がる場合もあります。

自社株買い、増資、株式分割など、株数の増減につながるニュースには、注意を払っておく必要があります。それによって、株価が上がるのか、下がるのかもあわせて見ておくとよいでしょう。

「セグメント情報」をチェックする

私が株を買うときに、配当利回りと同様に必ずチェックするのが、企業の決算短信に掲載されている**「セグメント情報」**です（セグメントが少ない場合には公表されない場合もあります）。セグメント情報には、事業ごとに売上高や利益をまとめた「事業セグメント情報」と、国や地域別にまとめた「地域別（所在地別）セグメント情報」があります。

「日本リスク」を回避するために、海外での業績がいい企業かどうかを見極めるためには、地域別セグメント情報を見ることが必要不可欠です。

たとえば、三井物産の2021年3月期の決算短信を見ると、「鉄鋼製品」「金属資源」「エネルギー」「機械・インフラ」「化学品」「生活産業」「次世代・機能推進」という7つの事業別のセグメント情報が掲載されています。

セブン&アイ・ホールディングスの2021年2月期の決算短信を見ると、事業別と地域別の両方が掲載されています。

事業別では、「国内コンビニエンスストア事業」で利益の大部分を稼いでいるのが分かるでしょう。「スーパーストア事業」の利益は、コンビニの10分の1強、「百貨店事業」に至っては赤字です。

意外に利益を稼いでいるのが「金融関連事業」です。これはセブン銀行の利益で、ATMの手数料が主な収益源です。

2-22 セブン&アイ・ホールディングスの事業別セグメント情報（2021年2月期）の抜粋

（単位：百万円）

	報告セグメント						
	国内コンビニエンスストア事業	海外コンビニエンスストア事業	スーパーストア事業	百貨店事業	金融関連事業	専門店事業	その他の事業
営業収益							
外部顧客への営業収益	919,523	2,189,327	1,802,625	419,183	167,259	262,736	5,976
セグメント間の内部営業収益又は振替高	1,309	2,056	8,258	5,969	31,668	1,066	16,034
計	920,832	2,191,383	1,810,884	425,153	198,927	263,803	22,011
セグメント利益又は損失（△）	234,258	98,097	29,683	△6,248	48,077	△13,572	1,944

地域別を見ると、「日本」と「北米」、「その他の地域」に分けられていて、営業収益の約60％が日本、北米が約39％、残りがその他の地域です。

海外比率が高いほど為替変動の影響を大きく受けますが、海外市場への期待は、成熟市場の日本よりも大きいと言えるでしょう。北米も大きな市場ですが、アジアでのコンビニ事業が拡大するかにも、私は注目しています。

キャッシュ・フロー計算書で「将来性」を見極める

財務諸表の様々な指標を見ることで企業の安全性と収益性を調べてきましたが、もう1つ重要なのが、企業の「将来性」です。

企業の将来性は、財務諸表のキャッシュ・フロー計算書である程度調べられます。

キャッシュ・フロー計算書は、次の3つのセクションに分かれています。

営業活動によるキャッシュ・フロー（営業キャッシュ・フロー）
投資活動によるキャッシュ・フロー（投資キャッシュ・フロー）
財務活動によるキャッシュ・フロー（財務キャッシュ・フロー）

まず確認したいのが、営業キャッシュ・フローがプラスかどうかです。企業が継続的にキャッシュ、つまりお金（＝現預金）を稼ぐ源泉は、この営業キャッシュ・フローだけです。

もし、営業キャッシュ・フローがマイナス続きになれば、キャッシュが足りなくなり、倒産してしまうことにもなりかねません。だから、営業キャッシュ・フローはプラスでなくてはならないのです。

次に、キャッシュを稼ぐ力を見るために、**「キャッシュ・フロー・マージン」**という指標を計算します。式は営業キャッシュ・フローを売上高で割ったものです。

キャッシュ・フロー・マージン＝営業キャッシュ・フロー÷売上高

キャッシュ・フロー・マージンが7％以上あれば、企業が成長するための原資を稼ぐ力があり、10％以上あれば優良企業だと、私は判断しています。

日本マクドナルドのキャッシュ・フロー・マージンを求めてみましょう。営業キャッシュ・フローは278億8100万円、売上高は2883億3200万円ですから、式に当てはめると次のようになります。

営業キャッシュ・フロー278億8100万円÷売上高2883億3200万円
＝0・097

2-23 日本マクドナルドホールディングスの連結キャッシュ・フロー計算書(2020年12月期決算)

(単位:百万円)

	前連結会計年度 (自2019年1月1日 至2019年12月31日)	当連結会計年度 (自2020年1月1日 至2020年12月31日)
営業活動によるキャッシュ・フロー		
税金等調整前当期純利益	26,954	30,554
減価償却費及び償却費	10,298	11,226
減損損失	149	438
貸倒引当金の増減額(△は減少)	662	△ 82
その他の引当金の増減額(△は減少)	△ 127	△ 351
退職給付に係る負債の増減額(△は減少)	△ 3	37
退職給付に係る資産の増減額(△は増加)	8,723	-
受取利息	△ 115	△ 123
支払利息	27	15
固定資産除却損	844	792
売上債権の増減額(△は増加)	△ 2,790	△ 2,172
たな卸資産の増減額(△は増加)	△ 3	9
フランチャイズ店舗の買取に係るのれんの増加額	△ 10	△ 447
長期繰延営業債権の増減額(△は増加)	2,477	-
その他の資産の増減額(△は増加)	△ 329	662
仕入債務の増減額(△は減少)	351	△ 190
未払金の増減額(△は減少)	513	728
未払費用の増減額(△は減少)	372	100
その他の負債の増減額(△は減少)	756	△ 942
その他	275	△ 9
小計	49,030	40,245
利息の受取額	18	19
利息の支払額	△ 19	△ 3
業務協定合意金の受取額	326	322
法人税等の支払額	△ 4,408	△ 12,757
法人税等の還付額	5	54
営業活動によるキャッシュ・フロー	44,952	27,881
投資活動によるキャッシュ・フロー		
定期預金の預入による支出	-	△ 40,000
定期預金の払戻による収入	-	15,000
有形固定資産の取得による支出	△ 14,597	△ 18,386
有形固定資産の売却による収入	1,774	1,844
敷金及び保証金の差入による支出	△ 1,194	△ 1,363
敷金及び保証金の回収による収入	1,409	1,561
ソフトウエアの取得による支出	△ 1,903	△ 2,654
資産除去債務の履行による支出	△ 49	△ 61
その他	△ 8	8
投資活動によるキャッシュ・フロー	△ 14,569	△ 44,051
財務活動によるキャッシュ・フロー		
長期借入金の返済による支出	△ 10,625	-
ファイナンス・リース債務の返済による支出	△ 487	△ 324
自己株式の取得による支出	△ 0	△ 0
配当金の支払額	△ 3,988	△ 4,387
財務活動によるキャッシュ・フロー	△ 15,102	△ 4,712
現金及び現金同等物に係る換算差額	16	△ 0
現金及び現金同等物の増減額(△は減少)	15,297	△ 20,883
現金及び現金同等物の期首残高	43,326	58,624
現金及び現金同等物の期末残高	58,624	37,741

日本マクドナルドのキャッシュ・フロー・マージンは9・7%で、十分高いと言えるでしょう（ちなみに前年度は16・0%です）。

投資キャッシュ・フローは、マイナスが通常の状態です。**投資キャッシュ・フローがマイナスということは、それだけ企業の将来のために積極的に投資を行っていることを意味します。**裏を返せば、投資キャッシュ・フローがプラスということは、将来への投資を怠っている可能性があり、場合によっては、資金繰りに困って建物や設備などを売却している恐れがあるので要注意です。

ただし、投資キャッシュ・フローには3カ月以上の定期預金や債券投資などのファイナンス的投資も含まれているので、それらの投資や回収は除外して考えるべきです。

私が注目しているのは、後の項で詳しく説明する**「固定資産の取得」**です。

財務キャッシュ・フローには、借入れやその返済、増資などの資金調達と、自社株式の買い入れ、配当などの株主還元が記載されます。**財務キャッシュ・フローも基本的にはマイナ**

スのほうが健全です。なぜなら、借入れと返済が同額の場合、あるいはどちらもない場合、自社株買い入れや配当などの株主還元分だけマイナスになるからです。

まとめると、**営業キャッシュ・フローで「稼ぎ」、それを投資キャッシュ・フローと財務キャッシュ・フローで「使う」のが企業の健全な姿**です。

また、**営業キャッシュ・フローのプラス額の範囲内で、投資キャッシュ・フローのマイナス額、財務キャッシュ・フローのマイナス額を賄《まかな》うのが、基本的にはバランスの取れた健全な状況**です。全体で合計額がプラスなら、その企業はお金が増えているので、安全度が高まっていると言えるでしょう。

もし合計額がマイナスなら、その企業はお金を使い過ぎだと一般的には言えますが、成長期の企業は投資が増え、その分、借入れや増資などの資金調達も増えるため、その状況も把握しておく必要があります。成長期でもないのに資金調達ばかりをしているというのは、もちろん問題があります。

日本マクドナルドのキャッシュ・フロー計算書を見ると、営業キャッシュ・フローが27

2-24 キャッシュ・フロー・マージン

■キャッシュを稼ぐ力が分かる

| キャッシュ・フロー・マージン | = | 営業キャッシュ・フロー | ÷ | 売上高 |

合格の目安は

7%以上＝合格
10%以上＝優良企業

日本マクドナルドの場合

（単位：百万円）

CS

| 営業キャッシュ・フロー | 27,881 |

投資活動によるキャッシュ・フロー
定期預金の預入
有形固定資産の取得
：
財務活動によるキャッシュ・フロー
……入金の返済

PL

| 売上高 | 288,332 |

売上総利益
販売費及び一般管理費
営業利益
営業外収益
営業外費用
経常利益
特別利益
……

キャッシュ・フロー・マージン

27,881 ÷ 288,332 = **9.7%**

高い水準

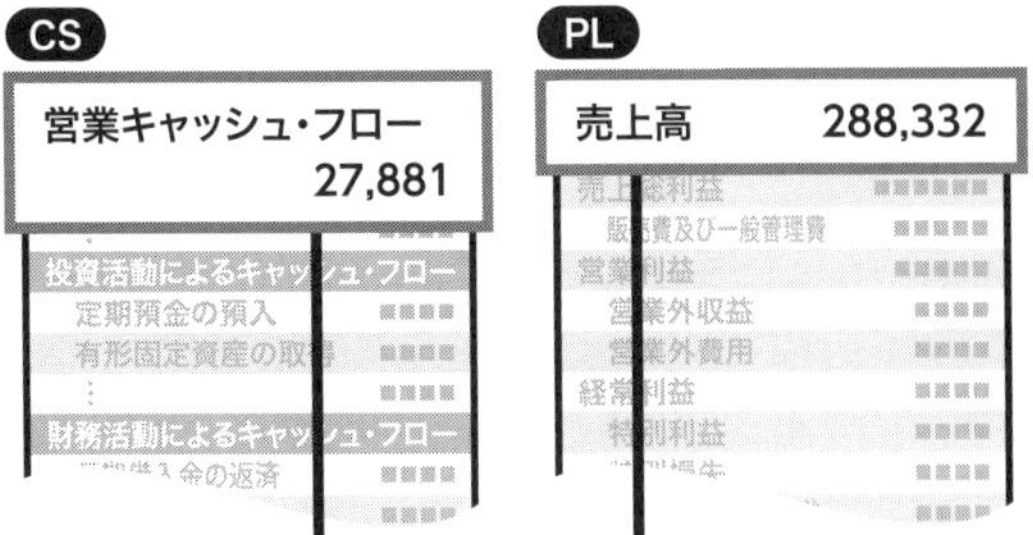

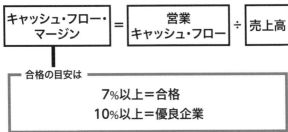

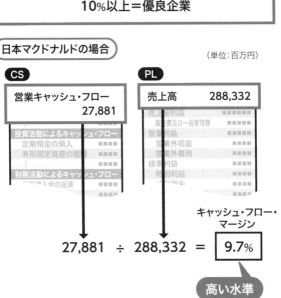

8億8100万円、投資キャッシュ・フローがマイナス440億5100万円、財務キャッシュ・フローがマイナス47億1200万円です。

合計すると、マイナス208億8300万円となっていますが、投資キャッシュ・フローの定期預金が250億円分増加しているので、その分を考えるとまったく問題はありません。

企業の真の実力を表す「フリー・キャッシュ・フロー」

あわせて、**「フリー・キャッシュ・フロー」**という考え方を紹介しておきましょう。これは、会社が自由に使えるお金をいくら稼いでいるかを表した指標です。自由に使えるお金が多ければ、未来への投資もできますし、借入金を返済して財務改善をすることも、配当や自社株買いで株主還元を行うこともできます。

フリー・キャッシュ・フローは、企業の真の実力値と言うことができ、これをいかに稼げるかが、成長のカギを握ります。

フリー・キャッシュ・フローの計算式は次の通りです。

2-25 フリー・キャッシュ・フロー

自由に使えるお金がいくらあるかが分かる

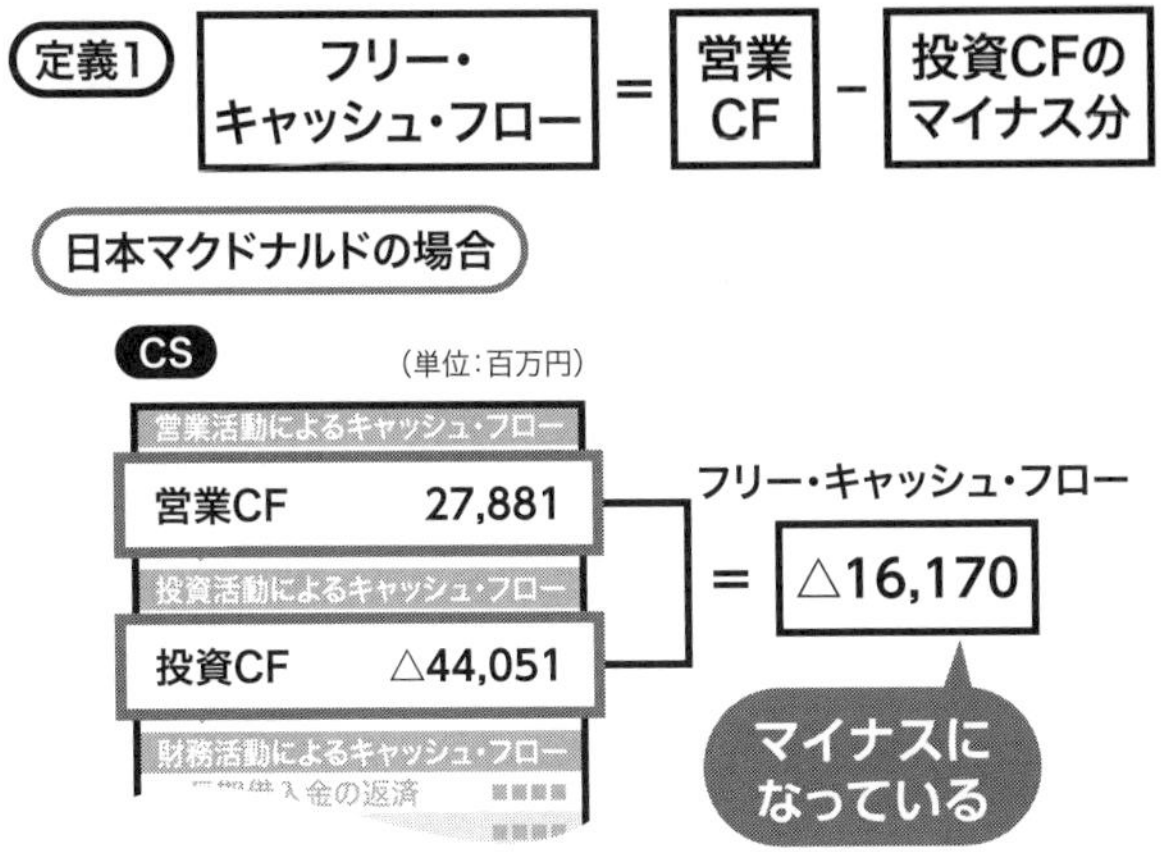
定義1
フリー・キャッシュ・フロー
＝
営業CF
－
投資CFのマイナス分
日本マクドナルドの場合
CS
（単位：百万円）
営業活動によるキャッシュ・フロー
営業CF 27,881
投資活動によるキャッシュ・フロー
投資CF △44,051
財務活動によるキャッシュ・フロー
フリー・キャッシュ・フロー
＝ △16,170
マイナスになっている

フリー・キャッシュ・フロー
＝営業キャッシュ・フロー－投資キャッシュ・フロー（のマイナス分）

日本マクドナルドの場合は、営業キャッシュ・フローが278億8100万円、投資キャッシュ・フローがマイナス440億5100万円ですから、マイナス161億7000万円がフリー・キャッシュ・フローになります。

しかし、これも、定期預金増加分250億円がフリー・キャッシュ・フロー増加だと考えると、差し引き88億3000万円のフリー・キャッシュ・フローの増加と見ることができます。

「未来への投資が十分か?」を調べる方法

さらに、キャッシュ・フロー計算書を使って、企業の将来性を読み取る方法について説明しましょう。

企業の将来性は、その企業がどれだけ「未来への投資」を行っているかを見れば分かります。そこで、私がチェックするのが、**「設備や機械などの資産の価値の目減り分」以上の設備投資を行っているかどうか**です。

具体的には、投資キャッシュ・フローの**「固定資産の取得による支出」**と**「固定資産の売却による収入」**との差額と、営業キャッシュ・フローの**「減価償却費」**と**「減損損失」**の合計額を比べます。

企業がさらに成長していくためには、通常の状態では次のようになる必要があります。

固定資産の購入−売却>減価償却費+減損損失

2-26 日本マクドナルドの「未来投資」は十分か?

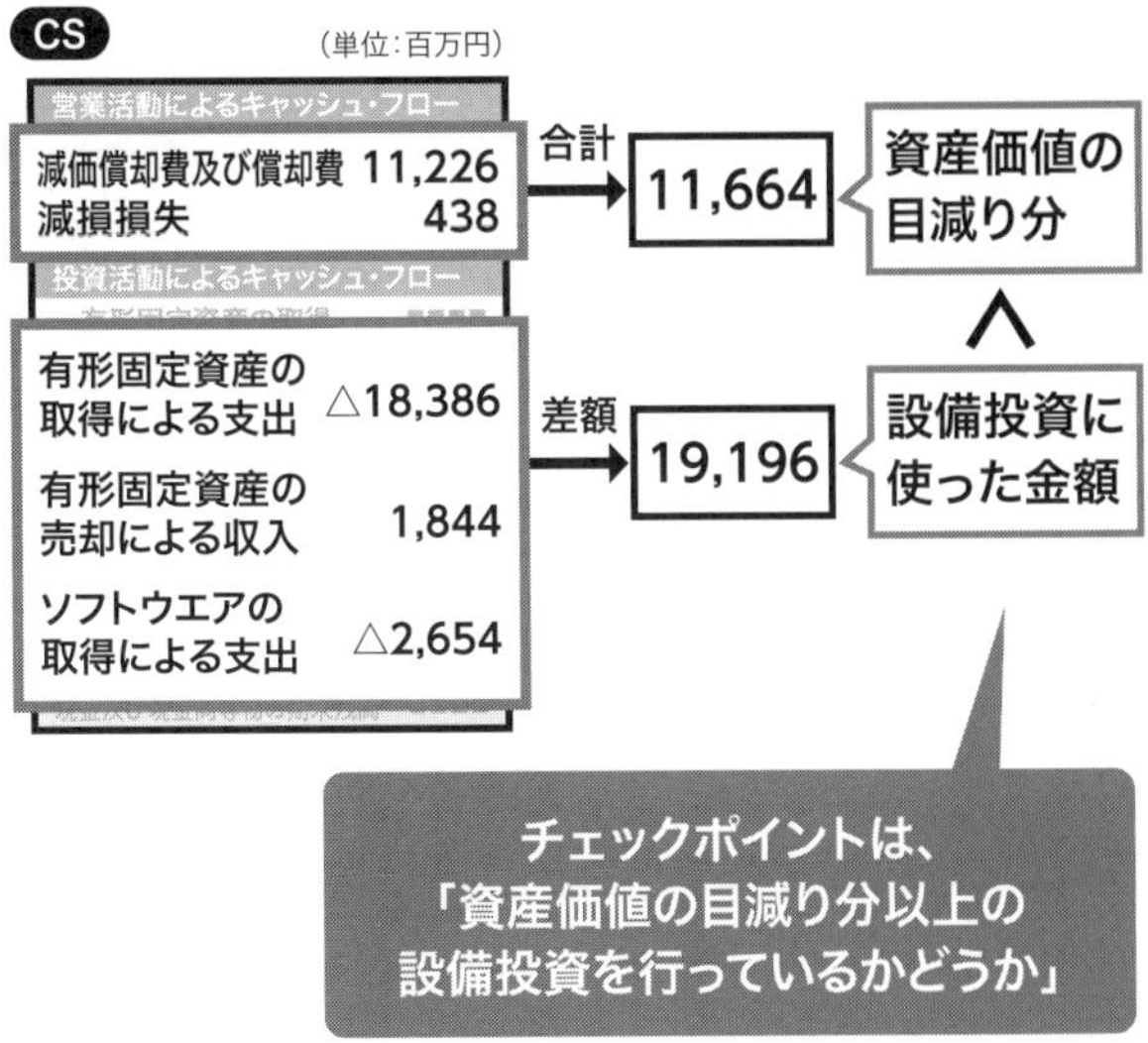
CS
(単位:百万円)
営業活動によるキャッシュ・フロー
減価償却費及び償却費 11,226
減損損失 438
合計
11,664
資産価値の目減り分
∧
投資活動によるキャッシュ・フロー
有形固定資産の取得による支出 △18,386
有形固定資産の売却による収入 1,844
ソフトウエアの取得による支出 △2,654
差額
19,196
設備投資に使った金額
チェックポイントは、
「資産価値の目減り分以上の
設備投資を行っているかどうか」

日本マクドナルドは、固定資産の購入と売却の差額のほうが、減価償却費と減損損失の合計よりも大きくなっているでしょうか。

投資キャッシュ・フローの有形固定資産の取得による支出はマイナス１８３億８６００万円、有形固定資産の売却による収入は18億４４００万円、ソフトウエア（無形固定資産）の取得による支出は26億５４００万円で、合計はマイナス１９１億９６００万円です。

一方、営業キャッシュ・フローの減価償却費及び償却費は１１２億２６００万円、減損損失は４億３８０

0万円で、合計額は116億6400万円です。比べると、設備投資に使った金額のほうが、資産価値の目減り分よりも大きくなっていますので、未来への投資が十分に行われており、今後にも期待がもてます。

column 日本マクドナルドは危機にどう対処して復活したのか?

日本マクドナルドの決算短信を見てきましたが、新型コロナで飲食業の多くが業績を大幅に落とす中、「あっぱれ」と言えるほど、「安全性」「収益性」「将来性」の3つとも文句のつけようのない理想的な内容でした。

では、なぜ日本マクドナルドは、新型コロナの逆風が吹く中でも業績をアップすることができたのでしょうか。

理由はいくつか考えられると思いますが、私は、「過去の危機を乗り越えた教訓が生きたからではないか」と考えています。

日本マクドナルドは、2014年7月に上海の仕入れ先の鶏肉偽装問題が発覚し、業績が急速に悪化しました。このときの危機対応の経験を今回の新型コロナに活かすことができたから好業績だったのではないでしょうか。

それでは、どのような危機対応を行ったのか、決算書から読み解いてみましょう。

次ページの表は、偽装問題が発覚する前の2013年12月期から4期分の貸借対照表から現預金と借入金を抜粋《ばっすい》したものです。

2013年12月期には、借入金は長期借入金のみが5億円計上されています。現預金を450億円ももっていたわけですから、5億円の借入をする必要は本来ありません。そして、この5億円の借入金は、直近の2020年12月期にも計上されています。何らかの理由でずっと借り入れているもので、偽装問題発覚までは実質無借金だったと言えるでしょう。

偽装問題が発覚した2014年12月期になると、現預金が286億円と前の期から164億円も減少してしまっています。業績回復のために現預金を取り崩したからでしょう。この時点では、借入金はまだ長期借入金5億円だけで、変化は見られません。

ところが、2015年12月期になると、短期借入金50億円、1年以内返済予定の長期借入金25億円、長期借入金が181億円、合計で256億円の借り入れをしています。業績悪化に歯止めがかからず、業績回復のためにさらなる資金が必要になったためで

2-27 日本マクドナルドホールディングスの現預金・借入金の推移

（単位：百万円）

	現金及び預金	短期借入金	1年以内返済予定の長期借入金	長期借入金
2013年12月期	45,041	-	-	500
2014年12月期	28,628	-	-	500
2015年12月期	20,388	5,000	2,500	18,125
2016年12月期	21,244	-	2,500	20,625

す。

その結果、自己資本比率は大きく下がりましたが、手元流動性は1・3カ月分と、大企業としては高い水準を維持しました。いざ倒産危機というときに私が真っ先に見るのがこの手元流動性で、危機のときは借金をしてでも手元流動性を高めることが大事になります。日本マクドナルドはまさにそれを実行したと言えるでしょう。

２０１６年12月期になると、短期借入金をすべて返済しています。それにともない、手元流動性は1・1カ月分に下がりました。一方、同じ4期分の損益計算書を見ると、2期連続赤字だったのが、２０１６年12月期に黒字に転換しています。

偽装問題危機に対応するべく、２０１４年12月期は多額の現預金を取り崩し、それでも足りずに２０

15年12月期には借り入れもした。2016年12月期に入ると業績が回復し始め、借入金の返済も始めて、何とか危機を脱したことが、これらの数値から分かります。

そして、偽装問題危機を乗り越えたあとも将来への投資を続けたことが、コロナ禍でも好業績を出すことにつながりました。

2020年は、閉鎖店舗34店に対し、新規出店が48店と、店舗数を拡大しました。先ほど述べたように、2020年3月期も、固定資産の購入と売却の差額のほうが、減価償却費と減損損失の合計よりも大きくなっており、将来のための投資を積極的に行っています。

市場を見てマーケティングを細やかに変えるのも日本マクドナルドは得意で、時間帯に合わせたメニューラインナップの強化や期間限定商品、低価格の「バリューランチ」の販売、さらに「モバイルオーダー」や「デリバリー」の強化など、様々な施策が成功しました。

こうしたマーケティング施策も好業績につながったのは間違いありません。ワクチン接種が進んだアフターコロナでも、好業績が期待できるのではないでしょうか。

大打撃を受けたＪＲ東海の決算短信を読み解く

日本マクドナルドが好決算だったので、逆に、新型コロナで業績が悪化した事例を１つだけ見てみましょう。ＪＲ東海（東海旅客鉄道）は、新型コロナ前まで、日本でも有数の収益力を誇る企業でした。それが一転して赤字になってしまいました。

違いを理解するために２０２０年３月期と２０２１年３月期を比べて見ていきます。２０２０年３月期も、２月、３月に新型コロナの影響を若干受けています。

まず売上高（営業収益）ですが、２０２０年３月期が１兆８４４６億４７００万円だったのに対して、２０２１年３月期は８２３５億１７００万円。実に55・４％ものマイナスで、半減以下です。

営業利益は、６５６１億６３００万円の黒字だったのが、マイナス１８４７億５１００万円と、赤字に沈みました。その差、約８４００億円という急降下です。

親会社株主に帰属する当期純利益は、３９７８億８１００万円からマイナス２０１５億５４００万円と、こちらもその差、約６０００億円です。

2-28 東海旅客鉄道の連結損益計算書

(2021年3月期決算)

(単位:百万円)

	前連結会計年度 (自2019年4月1日 至2020年3月31日)	当連結会計年度 (自2020年4月1日 至2021年3月31日)
営業収益	1,844,647	823,517
営業費	1,188,483	1,008,269
営業利益又は営業損失(△)	656,163	△184,751
営業外収益	11,833	14,755
営業外費用	93,714	92,068
経常利益又は経常損失(△)	574,282	△262,064
特別利益	6,567	6,541
特別損失	7,414	13,053
税金等調整前当期純利益又は 税金等調整前当期純損失(△)	573,436	△268,576
法人税、住民税及び事業税	172,873	4,892
法人税等調整額	△3,757	△74,355
法人税等合計	169,116	△69,463
当期純利益又は当期純損失(△)	404,319	△199,113
非支配株主に帰属する当期純利益	6,438	2,441
親会社株主に帰属する当期純利益又は 親会社株主に帰属する当期純損失(△)	397,881	△201,554

営業キャッシュ・フローを見ると、2020年3月期が5952億2700万円なのに対し、2021年3月期はマイナス1693億5400万円。毎年約6000億円稼いでいたのが、まったくキャッシュを稼げなくなってしまったということです。いかに新型コロナの影響がすさまじかったかが分かります。それでも自己資本比率は37・9%と高い水準を維持し

2-29 東海旅客鉄道の連結キャッシュ・フロー計算書（2021年3月期決算）

（単位：百万円）

	前連結会計年度（自2019年4月1日 至2020年3月31日）	当連結会計年度（自2020年4月1日 至2021年3月31日）
営業活動によるキャッシュ・フロー	595,227	△169,354
投資活動によるキャッシュ・フロー	△552,494	△134,718
財務活動によるキャッシュ・フロー	△32,993	262,638
現金及び現金同等物の増減額（△は減少）	9,739	△41,434
現金及び現金同等物の期首残高	751,636	761,376
現金及び現金同等物の期末残高	761,376	719,941

ており、資金調達など、余力もまだまだ十分にあります。

貸借対照表（254〜255ページ）を見ると、資産の部の流動資産の上から2つめに「中央新幹線建設資金管理信託」という勘定科目がありますが、これはリニア中央新幹線建設のための資金のことです。

負債の部の固定負債にも「中央新幹線建設長期借入金」として3兆円が計上されています。これは、簡単に言えば、日本政府から借りているお金です。なぜ日本政府が一企業に3兆円もの資金を貸しているのか、少し説明しましょう。

もともとJR東海は、年に約6000億円のキャッシュを稼ぐ企業でしたので、リニア中央新幹線を自前の資金だけで建設しようと考えていました。自前の資金を使って2027年までに東京－名古屋間を完成させ、そこから約10年かけてまた資金を貯めて、2037年から大阪までの延伸に着工する計画だったのです。

しかし、安倍晋三政権のとき、日本経済のために大阪までの延伸を10年間前倒しすることが決まり、そのための資金として、3兆円が政府からJR東海に貸し出されることが決まりました。

中央新幹線建設資金管理信託の金額を見ると、2021年3月期は2兆7761億5800万円で、これは、3兆円から1兆円弱がすでに使われたことを示しています。

固定資産の「建設仮勘定」に1兆1433億6000万円が計上されていますが、これがリニア中央新幹線を含めた建設中の資産で、活用されるようになると「建物及び構築物」や「機械装置及び運搬具」に振り分けられます。1兆円を超えているのは、自前の資金も使っているからです。

（単位:百万円）

	前連結会計年度 (2020年3月31日)	当連結会計年度 (2021年3月31日)
負債の部		
流動負債	625,682	824,087
固定負債		
社債	818,786	850,703
長期借入金	403,819	418,920
中央新幹線建設長期借入金	3,000,000	3,000,000
株式給付信託長期借入金	4,300	-
鉄道施設購入長期未払金	532,666	526,518
新幹線鉄道大規模改修引当金	105,000	70,000
退職金に係る負債	190,774	178,925
その他	49,994	44,604
固定負債合計	5,105,341	5,089,672
負債合計	5,731,023	5,913,760
純資産の部		
株主資本	3,809,772	3,588,662
その他の包括利益累計額	22,061	53,853
非支配株主持分	40,269	44,094
純資産合計	3,872,103	3,686,609
負債純資産合計	9,603,126	9,600,370

2-30 東海旅客鉄道の連結貸借対照表（2021年3月期決算）

（単位：百万円）

	前連結会計年度（2020年3月31日）	当連結会計年度（2021年3月31日）
資産の部		
流動資産		
現金及び預金	406,408	340,509
中央新幹線建設資金管理信託	2,435,015	2,076,158
受取手形及び売掛金	48,206	54,157
未収運賃	39,727	48,005
有価証券	353,500	389,600
たな卸資産	43,923	41,938
その他	55,915	73,480
貸倒引当金	△ 14	△ 16
流動資産合計	3,382,682	3,023,832
固定資産		
有形固定資産		
建物及び構築物（純額）	1,416,829	1,391,371
機械装置及び運搬具（純額）	217,844	240,140
土地	2,354,868	2,356,270
建設仮勘定	890,016	1,143,306
その他（純額）	45,639	45,669
有形固定資産合計	4,925,199	5,176,757
無形固定資産	91,141	110,456
投資その他の資産		
投資有価証券	846,723	867,567
退職給付に係る資産	3,433	4,977
繰延税金資産	176,899	238,939
その他	179,287	179,419
貸倒引当金	△ 2,241	△ 1,579
投資その他の資産合計	1,204,102	1,289,324
固定資産合計	6,220,443	6,576,538
資産合計	9,603,126	9,600,370

インバウンドの本格回復は2026年ごろ？

最近、リニア中央新幹線の2027年開業は難しいかもしれないと言われ始めましたが、それは静岡県の川勝《かわかつ》平太知事が建設に反対しているだけでなく、新型コロナでキャッシュを稼げなくなったため、建設資金の計画が狂い始めているという見方があるからです。

JR東海が高い収益力を誇っていたのは、東海道新幹線がドル箱路線だからです。在来線は実は赤字で、その赤字をカバーして、さらに約6000億円もの利益が出ていたのは、東海道新幹線がそれほどまでに稼ぐ力があったからでした。

このところ私の出張も少しずつ戻り、新幹線に乗る機会も増えており、他のお客さんの数も同様に増えていますが、やはり海外からのインバウンドが戻らないと、本格的な復活とはならないでしょう。

2019年のインバウンド旅行客は約3200万人でしたが、新型コロナの影響で2020年は約400万人に終わりました。これがまた3000万人を超えるまでに回復するのは、あるシンクタンクによれば、2026年になるということです。

ＪＲ東海だけでなく、他のＪＲや鉄道会社、航空業、旅行業、ホテル・旅館業なども同様に、インバウンドが本格的に回復するまで厳しい経営環境がしばらく続くことが予想されます。

新幹線ファンの私としては、ＪＲ東海にはこの逆境を何とか乗り越えてもらい、１日でも早くリニア中央新幹線が開通する日が来ることを願ってやみません。

第3章

「割安・割高」を見極める——【株価分析】

経済分析によって日本経済と世界経済の大きな流れをつかみ、企業分析によって安全性や収益性、将来性が高い企業を見分ける方法について述べてきました。
本章では、買う対象として浮かび上がった企業の株価が割安なのか、割高なのかを分析する「株価分析」について述べていきましょう。

「PER」が高い企業は、下落リスクも高い

まず取り上げる指標が、**「PER（Price Earnings Ratio　株価収益率）」**です。まず定義ですが、1株当たりの当期純利益（正確には親会社株主に帰属する当期純利益）に対して、株価がいま何倍かを表すのがPERです。計算式は次の通りです。

PER＝株価÷1株当たりの当期純利益

ＰＥＲは、企業別だけでなく、日経平均採用銘柄や東証一部上場企業全体の数値を計算することもできます。これによって、日本の株式市場全体の株価が、現在、高いのか、安いのかを判断することもできるのです。

２０２１年8月現在、日経平均採用銘柄のＰＥＲは13倍、東証一部上場全銘柄のＰＥＲは15倍前後となっています。日経平均株価は２万８０００円前後ですが、ＰＥＲを見ると、それほど高くないと感じています。

ＰＥＲの計算に使う当期純利益は、通常、予想値です。各企業が発表している当期の予想純利益をもとに計算します。

ＰＥＲが高い企業は、一般的に、株式投資先として人気の高い企業だと言えるでしょう。

また、業績回復時には、期待が高まるので、ＰＥＲが高くなりがちです。経済が通常の状態に戻り、業績が安定してくると、ＰＥＲも安定してきます。

たとえばイオンは、２０２２年2月期の予想ＰＥＲが１２０倍を超えています。資生堂は２０２１年12月期の予想ＰＥＲが80倍以上、吉野家ホールディングスの２０２２年2月期の予想ＰＥＲは60倍以上です（２０２１年8月13日現在）。

私は、30倍を超えている企業の株は買いません。なぜなら、株価が大幅に下がる「下落リスク」が高くて怖いから（そもそも、その時々で人気になっている銘柄は買いません）。**PERの倍率が高いということは、それだけ株主の期待が大きく、株価が高くなっているということです。こうした株価が高い企業で、何か不祥事や業績不振などが起こると、株価が一気に下落することがあります。**

人気銘柄ではありませんが、2021年6月に不正が発覚した三菱電機は、期初、2022年3月期の1株当たりの当期純利益の予想を約98円としていました。不正が発表される前の6月初旬、株価は1800円前後だったので、1800円÷98円で、予想PERは約18・3倍とそれほど高くありませんでした。不正発覚後、株価は1400円台まで、約20％下がりました。予想PERが18倍程度でも約20％下がるのですから、30倍以上の企業の株価の下落リスクがいかに大きいかが分かるでしょう（PERの分母には予想利益が使われることが多いのですが、その代わりに過去10年間の実績利益を用いる「CAPE指数」というものもあります。少し上級者向きなので、ここではこれ以上の説明は避けます）。

一方、PERには企業ごとの「クセ」がある場合があり、高いPERをずっと維持している企業がある一方、低PERが常態化している企業もあります。

3-1 PERが10倍未満の企業例（2021年8月6日時点）

■2022年3月期予想PER

9倍台	オリックス、出光興産、鹿島、日本電信電話（NTT）、伊藤忠商事
8倍台	森永乳業、三井住友フィナンシャルグループ
7倍台	双日、みずほフィナンシャルグループ
6倍台	丸紅
5倍台	ノジマ、北海道電力
4倍台	ユニチカ
2倍台	日本郵船

PERが10倍を切る有名企業は？

PERが低い企業は、投資先としてあまり人気がない企業ですが、収益がある程度安定している企業の場合、下落リスクが低く、安定的と見ることもできます。

PERが10倍を切っている企業には、上の表のような超有名企業もあります。

表を見ると、商社のPERが低いのが分かりますね。銀行も低い傾向があります。商社も銀行も、現在の業績は悪くありませんが、株を買う人が少ないようです。

だから、**割安で「買い」かと言えば、PERだけで判断することはできません。**特に商社は、エネルギー価格や資源価格、為替など、世界経済の影響を受けやすい業種ですから、経済分析、企業分析も行って将来性を判断する必要があります。他の企業も同様です（私自身は、ある大手商社の株式を1銘柄保有しています）。

「PBR」が1倍以下なら下値不安は少ない

次に見たい指標が**「PBR（Price Book-value Ratio　株価純資産倍率）」**です。PBRは1株当たりの純資産が株価の何倍かを表す指標で、次の式で計算できます。

PBR＝株価÷1株当たりの純資産

PBRが1倍なら株価と1株当たり純資産が同等で、1倍以上なら株価のほうが高く、1倍以下なら1株当たり純資産のほうが高いということです（ここで使用する純資産は、通常は「自己資本」を言います）。

純資産は、貸借対照表の説明をしたのでお分かりだと思いますが、「帳簿上の企業の価値」で、「解散価値」とも言われます。ただ、企業が解散して資産を売却したときに、本当にそれだけの金額を得られるかと言うと、実は分かりません。なぜなら、評価額で本当に工場や機械などが売れるとは限らないからです。逆に、含み益があって、高く売れる場合もあります。

ですから、PBRが1倍を切っているからといって、企業を解散して純資産を売却したほうが株主にとって得なわけではありませんが、そういう銘柄は下値リスクが比較的小さいと言えます。

私のPBRの基準値は2倍以下です。2倍以下なら、その企業の株を買うことを検討しますが、2倍台のときは様子見で、3倍以上なら高いと考えることが多いです。ただ、技術力などがある新興企業などの場合は別です。また、資産を多く使わない企業で、将来性のある企業の場合も、PBRは高くなりがちです。

PBRの高い有名企業を見てみると、リクルートホールディングスが8倍以上、ファーストリテイリングやキーエンスが7倍前後、日本電産、オリエンタルランド、資生堂、伊藤園などが5倍以上、ゼンショーホールディングス、日本オラクル、ソフトバンク、キッコーマン、サンリオなどが4倍以上となっています（2021年8月6日時点）。

こう書くとPBRの高い企業が多いように感じますが、東証一部上場企業約2000社のうち、PBRが3倍を超えているのは約350社、約17・5%に過ぎません。PBRが1倍を切っている企業も少なくありません。そのような企業は、投資家からの人気が低い企業の場合も多いのですが、下値の不安も比較的少ないと言えます。

「EPS」も重要な指標

PERは、株価を1株当たりの（親会社株主に帰属する）当期純利益で割ったものですが、この1株当たりの当期純利益のことを**「EPS（Earnings Per Share）」**と呼びます。計算式は次の通りです。

EPS＝当期純利益÷発行済株式総数

当期純利益が300億円で、発行済株式総数が3000万株なら、1株当たりの当期純利益は1000円。つまり、EPSは1000円ということです。

EPSが高まれば、それだけ収益率が高まったことを意味します。配当金額も大きくなる可能性があります。PERのほうが注目を集めますが、EPS自体もしっかりと見ておく必要があります。

株価とともに、配当を重視する投資家にとって重要な指標だと言えるでしょう。

当期純利益の関係で述べておくと、第2章で説明したROEは、株主が企業に預けているお金を使って、どれだけ純利益を稼いだかを見る指標でした。経営者から見るとその通りなのですが、投資家から見ると、株主が企業に預けているお金（持分）に対して何％の利回りが出ているかということになります。

ROEが1％の企業は利回り1％の低収益企業であり、ROEが20％の企業は利回り20％の高収益企業だと言えるのです。

だから機関投資家は、経営者に対してROEを高めるように求めるのです（ただし、ROEの分母となる「自己資本」は、実際に投資家が株式を購入した額ではなく、あくまでも簿価上の株主の持分です。実際の投資額に対しての利益は、「ROI〈Return on Investment ＝投資利益÷投資額〉」で算出します）。

指標がこれまでの条件に合う企業は？

様々な指標について見てきましたので、ここでは実際にこれまでに紹介した条件に合った企業があるかを見てみましょう。ただし、紹介したすべての指標を見るのはさすがに大変なので、左ページの表のように、中でも重要な7つの指標に絞りました。それぞれの条件を再確認します。

「買いどき」は、あくまでも株価が下がり過ぎているとき、つまり、経済があまり良くない、ちょっと買うのが怖いときです。株価が上がっている現状で分析を行うのは、そのときに備えてです。

そして、前もって言っておくと、私はこれから紹介する企業の株を推奨しているわけではありません。投資の判断はあくまでも自己責任でお願いします。

また、成長率や収益性、配当の指標は、景気による影響を受けます。通常の景気のときに傾向をつかんだうえで、判断してください。長期のトレンドを見ることが大切です。

3-2 重要な7つの指標

中長期の安全性	自己資本比率	20%以上
収益性1	売上高成長率	前年比プラス
収益性2	当期純利益伸び率	前年比プラス
配当1	配当性向	30%以上
配当2	配当利回り	3%以上
株価1	PER	20倍以下
株価2	PBR	2倍以下

《大和ハウス工業》

住宅業界のリーディングカンパニーである大和ハウス工業から分析を始めましょう。

自己資本比率は、20％を超える36・3％ですから申し分ありません。

売上高は前年からマイナス5・8％、純利益もマイナス16・5％と、どちらもマイナスですが、今期は売上高4・2％、純利益10・2％のプラスに転換する予想になっています。

配当性向は、実績が39・0％、予想が38・3％と高く、経営陣は30％以上を強く意識しているものと思われます。

配当利回りは、実績で3・6％、予想で3・8％と、条件の3％以上を満たしています。

3-3　大和ハウス工業

自己資本比率	36.3%
売上高成長率	△5.8%(4.2%)
当期純利益伸び率	△16.5%(10.2%)
配当性向	39.0%(38.3%)
配当利回り	3.6%(3.8%)
PER	10.9倍(10.1倍)
PBR	1.2倍

※2021年3月期実績。()内は2022年3月期企業発表予想をもとにした数字
※当期純利益は正確には「親会社株主に帰属する当期純利益」
※配当利回り・PER・PBRを計算する際の「株価」について：前期実績に基づく配当利回り・PER・PBRに関しては決算月月末時点の株価を、今期の予想配当利回り・予想PERに関しては2021年7月9日時点の株価を使用（以下の企業も同様に計算）

ＰＥＲは10・９倍、予想ＰＥＲが10・１倍で、条件に合う20倍以下です。ＰＢＲも１・２倍で、条件に合う２倍以下となっています。

過去10年間の株価の推移を見ると、最安値は１０００円を切っていた10年前の２０１１年で、最高値は２０１８年１月に記録した約４５００円。２０２１年７月現在は３４００円程度になっていますが、２０２０年のコロナ・ショック後の２５００円前後が「買いどき」だったと言えるでしょう。いまが買いどきかは微妙ですが、自己資本比率、配当性向、配当利回り、ＰＥＲ、ＰＢＲは条件を満たしています。

将来的には人口減少が進みますので、戸

建て住宅やマンションなどの住宅の需要は減少します。それが分かっているので、それ以外の事業にも挑戦しており、たとえば、「ダイワロイネットホテル」を全国各地に展開しています。事業施設としてデータセンターや物流施設、医療介護施設、高齢者住宅・複合介護施設なども手がけており、ホームセンター事業やフィットネスクラブ事業も行っています。

こうした事業の進捗《しんちょく》なども含めて、今後も継続的にチェックして、買いどきを探ってみてもいいかもしれません。

《三井住友フィナンシャルグループ》

金融業を代表して三井住友フィナンシャルグループを分析してみましょう。

新型コロナの影響もあって経常収益（売上高）は前年比15・0％減少していますが、それでも3兆9023億7000万円もあります。親会社株主に帰属する当期純利益も前年比で27・1％減少していますが、5128億1200万円です。

自己資本比率が低いのは金融業だからで、4・9％でも十分に安全です。

予想PER8・5倍、PBR0・5倍は非常に低く、ともに条件を満たしており、株価は割安だと言えるでしょう。銀行をはじめ金融業の企業の株価が総じて安いのは、人気があまりないからです。

株式投資で人気があるのは、急成長する可能性が高い企業。つまり新しい事業に挑戦している企業で、その点で、安全性は高くとも成長性があまり高くなく、株価が何倍、何十倍にもなる可能性がほとんどない金融業は、キャピタルゲインを狙う投資家の人気は高くありません。

ただ、私はキャピタルゲイン狙いではなく、長期保有で配当利回りのいい株式へ投資するのが基本スタンスですから、毎年の配当利回りが約5％もつき、安全性も高い三井住友フィナンシャルグループは優良投資先となります。

前にも述べましたが、三井住友銀行の口座に預金するのも、株を保有するのも、企業としてのリスクは同じです。金利はほぼゼロですが、配当利

3-4 三井住友フィナンシャルグループ

自己資本比率	4.9%
売上高成長率	△15.0%(—)
当期純利益伸び率	△27.1%(17.0%)
配当性向	50.8%(45.7%)
配当利回り	4.7%(5.4%)
PER	10.7倍(8.5倍)
PBR	0.5倍

※2021年3月期実績。()内は2022年3月期企業発表予想をもとにした数字
※売上高は正確には「経常収益」、当期純利益は正確には「親会社株主に帰属する当期純利益」

回りは約5％です。三井住友フィナンシャルグループがつぶれるときは日本がつぶれるときだと思えば、悪くない投資先ではないでしょうか。

過去10年間の株価を見ると、安値圏は2500円台ですから、その近辺まで下がったときが買いどきかもしれません。

《武田薬品工業》

次に、製薬業界日本最大手の武田薬品工業を見てみましょう。

売上収益は、前年比で若干下げていますが、それでも3兆1978億1200万円。親会社の所有者に帰属する当期利益は、前年比749・9％増の3760億5000万円。

武田薬品工業は、2018年、アイルランドの製薬大手シャイアーを約6・2兆円で買収しました。そのために借金をしたので自己資本比率が一時下がりましたが、その後、資産を売却するなどして自己資本比率を上げ、現在は40％以上あり、安全性については心配いりません。

過去10年間の株価を見ると、2021年7月現在のいまが安値圏です。

大きく下げたのはシャイアー買収の発表後ですから、市場はシャイアー買収を評価してい

3-5 武田薬品工業

自己資本比率	40.1%
売上高成長率	△2.8%(5.4%)
当期純利益伸び率	749.9%(△33.5%)
配当性向	74.8%(—%)
配当利回り	4.5%(4.9%)
PER	16.6倍(22.8倍)
PBR	1.2倍

※2021年3月期実績。()内は2022年3月期企業発表予想をもとにした数字
※自己資本比率は正確には「親会社所有者帰属持分比率」、売上高は正確には「売上収益」、当期純利益は正確には「親会社の所有者に帰属する当期利益」、PERは正確には「株価÷基本的1株当たり当期利益」、PBRは正確には「株価÷1株当たり親会社所有者帰属持分」

ないということでしょう。ただ、私は武田薬品工業が今後成長するために行った、この挑戦的な買収を評価しています。

その後も株価が低迷しているのは、製薬業界は世界的に競争が激化しているからであり、シャイアーの収益への貢献がまだ見えてこないからです。これが見えてくると株価も上がるのではないでしょうか。

予想PERが約23倍というのはやや高いかもしれませんが、配当利回りは5%弱ありますので、長期保有するなら株価が安い、いまが買いどきの可能性もあります。

《住友金属鉱山》

住友金属鉱山は、一般的にはあまり知られ

3-6 住友金属鉱山

自己資本比率	59.1%
売上高成長率	8.7%(13.1%)
当期純利益伸び率	56.1%(9.9%)
配当性向	35.1%(35.1%)
配当利回り	2.5%(3.1%)
PER	13.9倍(11.3倍)
PBR	1.2倍

※2021年3月期実績。()内は2022年3月期企業発表予想をもとにした数字
※自己資本比率は正確には「親会社所有者帰属持分比率」、当期純利益は正確には「親会社の所有者に帰属する当期利益」、PERは正確には「株価÷基本的1株当たり当期利益」、PBRは正確には「株価÷1株当たり親会社所有者帰属持分」

ていない企業かもしれませんが、投資家の間では「すみきんやま」と呼ばれて一目《いちもく》置かれています。

なぜかと言えば、銅やニッケルなどの非鉄金属を扱っているから。銅は、電気自動車などに欠かせない金属で、今後、これまで以上に使用量が増えることが予想されています。

銅価格は2021年5月に10年ぶりに史上最高値を更新しました。銅の価格が上がると住友金属鉱山の株価も上がります。中国が一番大きな市場のため、中国経済が落ちれば、銅の需要が減り、銅価格も落ちます。ただ、銅の需要は今後も高いため、銅価格は高止まりし、住友金属鉱山の株価も高止まりするかもしれません。

自己資本比率は60％ほどあり、安全性は十分に高く、売上高成長率、純利益伸び率ともにプラスで、絶好調と言える内容です。

配当利回りも実績で2・5％、予想で3・1％ですから、ほぼ条件通りと言えるでしょう。

予想PERは11・3倍、PBRは1・2倍と、こちらも条件をクリアしています。

過去10年間の株価を見ると、コロナ・ショックで2000円台まで下がったときが買いどきでした。2021年7月現在の株価は高値圏にあり、しばらくは様子見したほうが無難ですが、何かの理由で3000円前後まで株価が下がったときに買っておけば、損をする可能性は低いのではないでしょうか。

《小松製作所》

コマツこと小松製作所は、建設機械でアメリカのキャタピラーに次いで世界第2位の企業です。

売上高は前年比マイナス10・4％、当社株主に帰属する当期純利益も前年比マイナス30・9％と、やや収益力が下がっています。

3-7 小松製作所

自己資本比率	50.5%
売上高成長率	△10.4%(12.8%)
当期純利益伸び率	△30.9%(37.4%)
配当性向	48.9%(40.1%)
配当利回り	1.6%(2.4%)
PER	30.4倍(17.0倍)
PBR	1.7倍

※2021年3月期実績。()内は2022年3月期企業発表予想をもとにした数字
※自己資本比率は正確には「株主資本比率」、当期純利益は正確には「当社株主に帰属する当期純利益」、PERは正確には「株価÷1株当たり当社株主に帰属する当期純利益」、PBRは正確には「株価÷1株当たり株主資本」

ただ、中国はもちろん、東南アジアや中東、南米、アフリカなど、開発途上の国々では今後も建設機械の需要が高まることが予想され、コマツが海外で活躍できる企業であることは中国市場で証明済みのため、今後の業績回復に期待しています。

私はコマツの建設機械の工場を見に行ったことがありますが、最新設備が導入された、これまでになく超効率的な工場でした。

過去10年間の株価を見ると、2018年1月ごろは人気になって4000円を超えましたが、コロナ・ショック時は2000円を切りました。2021年7月現在はそこから上がったところですが、2000円前後で買うことができれば、配当利回りが3%以上になります。自

己資本比率も50％以上あるので、長期投資に向いた銘柄だと思います。
予想PER17・0倍、PBR1・7倍も、条件を満たしています。

《トヨタ自動車》

「日本製造業の雄《ゆう》」と言えるトヨタ自動車を見ておきましょう。トヨタは自動車業界で世界トップを争う企業ですが、果たして私の条件を満たしているでしょうか。

自己資本比率は、37・6％ですから、中長期の安全性は高いと言えます。

営業収益（売上高）は前年比マイナスでしたが、当期利益はプラス。今期の予想値は営業収益が10・2％増の30兆円、当期利益は2・4％増の2兆3000億円です。さすがは日本を代表するトップ企業です。

2021年9月30日を基準日として1株を5株に分割することが決定されています。今期の予想配当金額、予想配当性向は発表されていません。

ただ、好業績が予想されていますし、利益剰余金は十分にありますから、少なくとも先期並みの配当は行われることでしょう。2021年3月期の配当性向は約30％あり、配当利回りも2・8％ありました。配当利回りが条件の3％以下なのは、株価が上がっているからで

3-8 トヨタ自動車

自己資本比率	37.6%
売上高成長率	△8.9%(10.2%)
当期純利益伸び率	10.3%(2.4%)
配当性向	29.8%(—)
配当利回り	2.8%(—)
PER	10.7倍(11.7倍)
PBR	1.0倍

※2021年3月期実績。()内は2022年3月期企業発表予想をもとにした数字
※自己資本比率は正確には「親会社所有者帰属持分比率」、売上高は正確には「営業収益」、当期純利益は正確には「親会社の所有者に帰属する当期利益」、PERは正確には「株価÷基本的1株当たり親会社の所有者に帰属する当期利益」、PBRは正確には「株価÷1株当たり親会社所有者帰属持分」

す。

予想PERは11・7倍で20倍以下ですし、PBRも1・0倍と2倍以下ですので、株が買われ過ぎている状況ではありません。

過去10年間の株価の推移を見ると、最安値は10年前の2011年11月、約2500円で、最高値は2021年6月の1万円の大台突破時です。10年間で約4倍値上がりしました。

最高値を更新したのは、それだけトヨタの今後の業績に投資家の期待が膨らんでいるからでしょう。

豊田章男社長は、「100年に一度の変革期」だと言って危機感をあらわにしています。電気自動車（EV）や燃料電池車（FC

3-9 キヤノン

自己資本比率	55.7%
売上高成長率	△12.1%(7.6%)
当期純利益伸び率	△33.3%(38.0%)
配当性向	100.4%(—)
配当利回り	4.0%(—)
PER	24.9倍(22.5倍)
PBR	0.8倍

※2020年12月期実績。()内は2021年12月期企業発表予想をもとにした数字
※自己資本比率は正確には「株主資本比率」、当期純利益は正確には「当社株主に帰属する当期純利益」、PERは正確には「株価÷1株当たり当社株主に帰属する当期純利益」、PBRは正確には「株価÷1株当たり株主資本」

V)、自動運転など、自動車分野で新しいことにチャレンジするだけでなく、静岡県裾野《すその》市において「ウーブン・シティ」と名付けたスマートシティの実証実験にも挑戦しています。こうしたチャレンジングな姿勢が投資家に評価されているのかもしれません。

《キヤノン》

製造業のグローバル企業、キヤノンは、デジタルカメラやレーザープリンターで世界トップシェアであり、技術力の1つの証である特許数でも世界有数の企業です。

自己資本比率は50%を超え、中長期の安全性は十分に高いと言えます。

売上高と純利益は、どちらも前年比マイナス

で、前年もマイナスでしたので、2年連続です。残念ながら、収益力は下がっていると言えます。

配当性向は、100・4%と100%を超えています。これは、当期純利益の全額に加えて、利益剰余金も使って配当を行ったからでしょう。株主還元に積極的な姿勢が見られます。配当利回りも条件の3%を超えています。

PERは、条件の20倍を超える24・9倍。今期の予想PERも22・5倍と、20倍を超えているので、収益力から見ると株価がいくぶん高い可能性があります。一方、PBRは条件の2倍以下に収まっています。

過去10年間の株価の推移を見ると、最安値はコロナ・ショック後で、2000円を切っていました。最高値は2015年4月の約4500円です。2021年7月現在は最安値から戻しつつありますが、それでも安値圏と言える2600円前後です。株価が冴《さ》えないのは、収益力の見通しが鮮明でないからでしょう。

ただ、技術力はあり、海外進出も積極的に行っているので、経営が軌道に乗れば、十分に復活できると私は期待しています。

《三井物産》

総合商社も1社見ておきましょう。三菱商事や伊藤忠商事でもいいのですが、今回は三井物産を選んでみました。

自己資本比率は30％以上ですから、条件の20％以上を大幅にクリアしています。

収益成長率はマイナス5・6％、純利益伸び率もマイナス14・3％と、前期は業績がふるいませんでした。新型コロナの影響で世界経済が停滞したからだと思われますが、景気が回復するにつれて資源やエネルギーの価格が上がりますから、2022年3月期の純利益伸び率は37％超の高い予想となっています。

総合商社は様々な新しいビジネスを行っていますが、資源エネルギー関連のビジネスの割合が高いため、資源エネルギー価格に業績が左右される傾向があります。

配当性向は、条件の30％を超える42・7％。予想も30％以上です。

配当利回りも条件の3％を超える3・7％で、予想も3・6％です。日本の総合商社は総じて配当が高いという特徴があります。

PERは条件の20倍以下の11・6倍。予想PERは10倍を切っています。PBRも1倍を切っており、投資先としての人気はあまりないことが分かります。

3-10　三井物産

自己資本比率	36.5%
売上高成長率	△5.6%(—)
当期純利益伸び率	△14.3%(37.1%)
配当性向	42.7%(32.4%)
配当利回り	3.7%(3.6%)
PER	11.6倍(9.1倍)
PBR	0.8倍

※2021年3月期実績。()内は2022年3月期企業発表予想をもとにした数字
※自己資本比率は正確には「親会社所有者帰属持分比率」、売上高は正確には「収益」、当期純利益は正確には「親会社の所有者に帰属する当期利益」、PERは正確には「株価÷基本的1株当たり当期利益」、PBRは正確には「株価÷1株当たり親会社所有者帰属持分」

過去10年間の株価の推移を見ると、最安値は約1100円で、2021年8月中旬現在では2600円程度です。

株価が上がった理由の1つに、世界的な投資家であるウォーレン・バフェットが日本の総合商社株を買ったと報じられたことがあります。バフェットが日本の総合商社株を買ったのは、実力よりも株価が安かったからでしょう。もちろん、今後、世界的な景気回復にともない、業績回復が見込まれているからでもあります。

ちなみに、1億円を超える報酬をもらっている会社役員が毎年発表されますが、その人数が一番多いのが三井物産です。社員への待遇が良いのも日本の総合商社の特徴です。

《**楽天**》

インターネット通販の楽天市場から事業をスタートし、金融業や携帯電話事業へと大きく事業を拡大してきた楽天を見てみましょう。

売上高は1兆円を超え、前年比で15・2％伸びています。ただし、親会社の所有者に帰属する当期利益はマイナス1141億9900万円で大赤字です。なぜでしょうか。

これは携帯電話事業への参入による設備投資が膨らんでいるから。決算短信のセグメント情報を見ると、「インターネットサービス」「フィンテック」「モバイル」の3つに分かれており、モバイルの損益がマイナス2269億7600万円もあるため、トータルでも赤字なのです。

インターネットサービスは楽天市場などで、フィンテックは楽天カードなどですが、これらの事業では利益を稼いでいます。ただ、インターネットサービスは、売上高は伸びていますが収益力は低下しています。アマゾンという強力なライバルがいるため、今後も苦しい戦いが予想されています。

だからモバイル事業に参入したわけですが、このモバイル事業が今後伸びていくかどうか

3-11 楽天(2021年4月に楽天グループに商号変更)

自己資本比率	4.9%
売上高成長率	15.2%(—)
当期純利益伸び率	—(—)
配当性向	—(—)
配当利回り	0.5%(—)
PER	—(—)
PBR	2.2倍

※2020年12月期実績。()内は2021年12月期企業発表予想をもとにした数字
※自己資本比率は正確には「親会社所有者帰属持分比率」、売上高は正確には「売上収益」、当期純利益は正確には「親会社の所有者に帰属する当期利益」、PERは正確には「株価÷基本的1株当たり当期利益」、PBRは正確には「株価÷1株当たり親会社所有者帰属持分」

が楽天の運命を握っていると言っても過言ではありません。シェアを獲得できれば一千億円単位の利益を生む可能性がありますが、ソフトバンクが参入したときとはかなり市場環境が違うので、同様にシェアを獲得できるかは分かりません。携帯電話事業は、常に多額の投資を必要とし、勝つか負けるかしかありません。果たして、楽天は勝てるでしょうか。

自己資本比率が4・9%と低いのは、金融業を行っているためです。

過去10年間の株価の推移を見ると、2015年に2000円を超えたときが最高値で、上がったり下がったりを繰り返しながら、2021年7月現在は1300円前後です。楽

天をチャレンジャーとして評価する人もいれば、携帯電話事業への参入は無謀な挑戦と批判する人もいます。市場においても、楽天の将来性への判断が分かれている、揺れていることが、株価から分かるのではないでしょうか。

《セブン&アイ・ホールディングス》

流通業で選んだのは、セブン‐イレブン、イトーヨーカドー、そごう、西武百貨店、セブン銀行などを運営するセブン&アイ・ホールディングスです。

自己資本比率は、38・4%ですので、中長期の安全性は十分に高いと言えます。

営業収益（売上高）成長率はマイナスで、純利益も前年比17・8%のマイナスでした。今期は、このマイナスを取り返すべく、営業収益成長率は40%近い高い数値となっており、純利益も前年比6・0%の好決算を予想しています。

セグメント情報を見ると、利益をダントツで稼いでいるのは国内コンビニエンスストア事業で2342億5800万円。次に稼いでいるのが海外コンビニエンスストア事業で980億9700万円。売上高は海外コンビニのほうが多く、2兆円を超えています（235ページのセグメント情報参照）。

3-12 セブン&アイ・ホールディングス

自己資本比率	38.4%
売上高成長率	△13.2%(39.4%)
当期純利益伸び率	△17.8%(6.0%)
配当性向	48.5%(46.5%)
配当利回り	2.4%(2.0%)
PER	19.9倍(23.3倍)
PBR	1.3倍

※2021年2月期実績。()内は2022年2月期企業発表予想をもとにした数字
※売上高は正確には「営業収益」、当期純利益は正確には「親会社株主に帰属する当期純利益」

セブン-イレブンはもともとアメリカが発祥の地ですから、海外コンビニもアメリカが大半です。アメリカのコンビニは直営店が多いのに対して、国内はフランチャイズが多いため、国内のほうが利益率が高いのです。

イトーヨーカドーなどのスーパーストア事業の利益は296億8300万円と、国内コンビニ事業の10分の1強しかありません。新型コロナの影響もあって百貨店事業はマイナス62億4800万円と赤字です。セブン銀行などの金融関連事業は堅調で480億7700万円の利益を稼いでいます。

コンビニ事業は、国内は飽和状態のため、海外、特にアメリカに力を注いでおり、アメリカのコンビニ会社の買収も行っています。

配当性向は条件の30%を大きく超えています

が、配当利回りは、実績、予想とも2％台と、条件の3％より少し低くなっています。PERは条件の上限の20倍とほぼ同じ。予想PERは20倍を超えています。PBRは、条件の2倍以下に合った1・3倍です。

過去10年間の株価の推移を見ると、最安値は10年前の2011年、約2000円で、最高値は2015年の約6000円でした。コロナ・ショックで約3000円まで下がりましたが、そこから右肩上がりで、2021年7月現在は約5000円と高値圏にあります。

配当利回りがいまひとつ高くないのと、成長シナリオが読めないので、私の条件には少し合わないですが、いい企業だと言えるでしょう。

column

アマゾンが日本のコンビニを買収する？

セブン-イレブンは、セブン＆アイ・ホールディングスにとって事業の中心ですから売られることはないと思いますが、ローソンとファミリーマートは、それぞれ三菱商事と伊藤忠商事が親会社なので、今後、売られる可能性があるかもしれません。利益率が落ちてくれば、商社はその事業を売ります。

その場合、買うのは、インターネット通販世界最大手のアマゾンではないかと、私は見ています。なぜなら、アマゾンがほしいのは「ラストワンマイル」と呼ばれる顧客との接点だからです。

アマゾンがコンビニの店舗をもてば、インターネットで購入した商品をコンビニにとりにきてもらうことができ、配送するよりも効率化できます。コンビニの地下や2階以上を自動倉庫にすることもできます。

アマゾン・コンビニ店は、「アマゾン・ゴー」のように無人レジになるでしょう。現在はまだデータやノウハウなどを蓄積中の段階ですが、アマゾンなら無人レジを日本で運営することができると考えるのは私だけではないはずです。

そうであるなら、自分たちでゼロから店をつくるよりも、日本のコンビニチェーンを買ったほうが早いと考えるのは至極当然です。

ですから、アマゾンが日本のコンビニを買収し、無人コンビニという、新しく、かつインターネット通販事業とも補完性が高い事業を日本で展開する可能性は十分にあると見ているのです。

海外で稼げる企業か、チャレンジングな企業か

いかがだったでしょうか。私の示した条件をほぼ満たす企業がある一方、業績が悪かったり、逆に業績がいいために株価が上がってPERが20倍以上の企業もありました。

皆さんも、気になる企業が私の条件に合うか調べてみてはいかがでしょうか。**もちろん、条件の数値や、条件となる指標を、自分なりに変えてもかまいません。**

たとえば、安全性は絶対に大事ということで、自己資本比率の条件を30%以上にしてもいいのです。ただし、PERやそのベースになる利益や売上高は、長期のトレンドを見ることが大切です。

7つの指標以外では、日本リスクを避けるために、海外で稼げる企業かどうかも、私は重要視しています。日本の財政が破綻しても、世界で稼げるグローバル企業であれば、つぶれることはありません。

もう1つは、**新しいことに挑戦している企業かどうか。**やはり、これまでにない斬新《ざんしん》な商

品やサービスをつくろうとするチャレンジャーを応援したい。と言っても、私の場合は、まだ黒字にもなっていないベンチャー企業に投資することはありません。あくまで、7つの指標を満たしたうえで、チャレンジングな企業に投資するということです。

また、私たち消費者に直接、商品やサービスを提供していない素材メーカーや機械メーカー、部品メーカーなどのことは、東証一部上場企業であっても企業名すら知らないことが多々あります。紹介した住友金属鉱山もそうした企業の1つです。信越化学、デンソーやアイシンなども、企業名は知っていると思いますが、具体的に何をつくっているかはあまり知らないのではないでしょうか。

このような企業の中にも優良企業が結構ありますので、宝探しをするような楽しい気持ちで探してみてください。

機関投資家などのプロの投資家は、前にも述べた通り、近々株価が上がりそうな企業の株を買います。流れに乗り遅れることは、自分のパフォーマンスを下げることに必ずつながるので、流れには逆らえないのです。

だから、買われ過ぎる企業が必ず現れます。**ＰＥＲやＰＢＲを見て、買われ過ぎている企業の株は、アマチュア投資家はその時点では買わないのが賢明だと思います。**

業種のクセを知っておく

様々な企業の分析をしていると、業種によってクセがあることが分かります。

たとえば、景気が悪くなって最初に大きな影響を受けるのは、製造業です。リーマン・ショックのとき、あれだけ好調だったトヨタ自動車でさえ赤字になったのがいい例です。また、製造業は景気による業績のブレが大きい企業が多いのも特徴です。

サービス業は、製造業ほどすぐに景気悪化の影響を受けません。少し時間がたってからジワジワと悪くなっていきます。

ただし、第1章で述べたように、コロナ・ショックでは、飲食業や旅行業、観光業、ホテル・旅館業など、サービス業が製造業以上に悪影響を受けました。何が起きるか予測不可能な時代ですから、「〇〇ショック」や「〇〇危機」によってどの業種がより大きな影響を受けるのか、見極める目を投資家は養う必要があるでしょう。

一方、**景気が良くなってきたとき、製造業も業績が敏感に動きますが、最初に業績が好転するのは卸売業や小売業などです。**コンビニやスーパーは景気に敏感です。景気が良くなって、しばらくしてから業績が上向くのが建設業などです。ビルの新築や建て替えは、好景気が続いてから行われるためです。

景気にあまり左右されない業種もあります。**金融業はあまり景気の影響を受けませんし、鉄道会社や電力会社、ガス会社なども、一般的には景気に関係なく、業績はかなり安定的だと言えるでしょう。**

企業によっては、景気が比較的悪いときのほうが節約志向が働いて業績が上がるところもあります。

海外で稼いでいるグローバル製造業や総合商社は、円高になると売上高や純利益が減少します。逆に、エネルギー産業などの輸入業種は、円高になると仕入れ値が下がり、業績がアップします。為替が円安に進めば、その逆のことが起こります。

同じ製造業でも、アメリカが主戦場の企業はアメリカの景気の影響を強く受けますが、中国や東南アジアを主戦場としている企業はその地域の経済の影響を受けます。

こうした業種や企業のクセを知っておくことも、株式投資には有効です。**業種のクセを知るためには、その業種の企業の分析を継続的に行うこと。**すべての業種のクセを知る必要はありませんので、興味のある業種をいくつか選んで、その業種の企業2〜3社を横並びに分析するとクセが見えてくると思います。

一度に欲張らず、少しずつ企業分析を積み重ねていくのがよいのではないでしょうか。

地球温暖化対策などにもアンテナを張ろう

投資をするなら、世界的な潮流にも目を配ることが大切です。

たとえば、「地球温暖化対策」や「二酸化炭素削減」などは地球規模の問題であり、それに社会や企業が対処することは世界的な潮流になっています。石炭火力発電は廃絶が目指されており、その分、太陽光発電や風力発電といった自然エネルギーによる発電の割合が増えていくことになります。

国連が提唱している「ＳＤＧｓ（持続可能な開発目標）」に取り組むことも世界的な潮流になっています。

「ESG投資」という言葉も広く知られるようになり、環境（Environment）、社会（Social）、企業統治（Governance）を評価して投資する機関投資家も増えています。これも世界的な潮流です。一部の企業には、もちろんビジネスチャンスです。

こうした世界的潮流に対して、それぞれの企業がどのように対処しているのかをつぶさに観察すると、積極的な企業もあれば、消極的な企業もあることが見えてきます。

また、温暖化対策や二酸化炭素削減のために企業のコストが上がることにも注意が必要です。設備投資はもちろん、業種によっては仕入れコストが上がります。コストアップは、業績に直結しますから、注意を払う必要があるのです。

現在、世界1位の経済大国アメリカと2位の中国で販売好調な製品やサービスを知ることも投資に役立ちます。アメリカで自動車や住宅が飛ぶように売れていると第1章で述べましたが、新型コロナの影響をものともせず、経済成長が続く中国で爆発的に売れているものもあります。

その1つが、日本の化粧品です。「メイドインジャパン」への信頼性は高く、中国の消費力は上がっていますので、日本の一般消費財全般に化粧品同様の販売チャンスがあるのではないでしょうか。

こうした視点から投資先企業を探すのも面白いものです。**日頃からアンテナを張り、気になったニュースに関連する企業を見つけて、企業分析、株価分析をして投資先を見つけるのもいい方法だと思います。**

もし投資先にはならないと分かっても、それだけ自分の知識が増えたわけですから、まったくムダではありません。勉強だと思って、様々な企業の分析を行っていると、きっとあなた独自の見方ができるようになり、お宝のような投資先に巡り会えることでしょう。

「信用取引」ってどんな仕組み?

株式投資には「信用取引」という方法があります。これは、証券会社に株やお金を担保(保証金)として差し入れて、その約3・3倍までの株やお金を借りて株の売買を行うという投資法です。

約3・3倍までのレバレッジを効かせることができるため、ハイリスク・ハイリターンの投資法だと言えるでしょう。したがって、私は絶対にやりませんし、おすすめもしません。

ただ、信用取引によって株価が動くのも事実なので、アマチュア投資家も知識としてはもっていたほうがいいと思い、ここで基本的なことを簡単に説明しておきます。

通常の株を売買する「現物取引」では、株価×株数の代金を支払うことで、その株を買うことができます。株価1000円の株を300株買うときには30万円を払います（それに加えて手数料がかかります）。

これに対して、信用取引では約3・3倍のレバレッジを効かせた場合、同じ30万円で1000万円の株を買うことができます。こうして信用取引で株を買うことを**「信用買い」**と言います。

信用取引では、信用買いした株を売ったときに取引が完了します。**取引が完了するまでは、お金を借りている状態なので、その間は金利を払う必要があります。**株価がそれ以上に上がれば儲けが出ます。

そして、**信用取引では「空売り」ができます。**株がこの先下がると思うと、まず株を売っておき、その後、株価が下がった時点で買い戻すのです。現物取引では、株は買ってから売るという一方通行ですが、信用取引では、株を第三者から借りることで、株を売ることから始めることができます。これがいわゆる株の空売りで、信用取引で株を売ることを**「信用売り」**と言います。

信用売りした信用取引が完了するのは、株を買い戻したときです。**株を買うまでの間は、株を借りている状態なので、「貸株料《かしかぶ》」を払う必要があります。**

なぜこのような売りから入る取引を行うのかと言えば、株式市場が下げているときにも儲けられるから。1000円の株価のときに1000株を信用売りしたとしましょう。この株がその後500円に下がったときに1000株を買って信用取引を完了すると、次のようになります。

1000円×1000株＝100万円
1000株を借りて売ったので100万円が入る
500円×1000株＝50万円
50万円で1000株を買って返す

１００万円－50万円＝50万円
50万円の儲け（他に「貸株料」や手数料が必要です）

現物取引では、株価が上がりそうな企業の株だけが投資の対象でしたが、信用取引では、株価が下がりそうな企業の株も投資対象となるのです。たとえば、ＰＥＲが１００倍を超えるような、明らかに買われ過ぎている企業の株を信用売りして、株価が下がったときに買い戻せば儲かるかもしれない、というのが信用取引です。

「買い残」「売り残」って何？

信用買いしたまま、まだ信用取引を完了していない株数を**「買い残《ざん》」**と言います。逆に、信用売りしたまま、まだ信用取引を完了していない株数を**「売り残」**と言います。

買い残が多いのは、現物取引と同じで、その企業の株価がこれから上がると考えて投資している人が多いからですが、売り残が多いのは、逆にその企業の株価がこれから下がると考えて投資している人が多いからでしょう。

こうした信用取引の残高情報は日本取引所グループが毎日発表しているので、証券会社のサイトやYahoo!ファイナンスなどで誰もが見ることができます。

信用取引には、**「信用倍率」**という指標があり、次の計算式で求められます。

信用倍率＝買い残株数÷売り残株数

たとえば、買い残が1万株あり、売り残が1000株あるとき、1万÷1000＝10で、信用倍率は10倍です。逆に、買い残が1000株で、売り残が1万株あるときは、1000÷1万＝0・1で、信用倍率は0・1倍です。

買い残と売り残が同数のとき、信用倍率は1倍となりますので、1倍以上なら買い残が多く、1倍以下なら売り残が多いということです。

信用倍率が高く、買い残のほうが圧倒的に多いということは、今後、その企業の株価が上がるだろうと考えている人が多いということですから、それを見て「買おう」という人が増えれば株価はさらに上昇します。

その逆に、「こんなに買い残があるということは、今後、信用取引を完了するために、必ず大量の売りが出るはずだ」と考えて売る人が増えると、株価は下落します。

売り残も同じで、「売り残が多いから今後株価は下がるのだろう」と考える人がいる一方で、「売り残が多いから買い戻しが大量に入って株価は上がるだろう」と考える人もいます。

つまり、**買い残が多くても、売り残が多くても、考え方次第で、今後上がるとも、下がるとも考えられる**ということです。

「空売り」の損失は青天井

信用取引は、約3・3倍までのレバレッジを効かせることができるため、ハイリスク・ハイリターンの投資法だと述べました。これについても説明しておきましょう。

たとえば、30万円を担保に差し入れて100万円を借り、1000円の株価の株を1000株信用買いしたとします。この株が1500円に値上がりしたところで売れば、1500円×1000株＝150万円となり、100万円を返しても50万円の儲けとなります（実際には、金利や手数料がかかります）。

しかし、株価が下がった場合はどうなるでしょう。500円に株価が下がったときに売ったとしたら、500円×1000株＝50万円となり、借りていた100万円のうち、半分の50万円しか返すことができません。最初に担保に差し入れた30万円だけでは返済にあてられてなくなり、さらに20万円の借金が残ります。

「株価が下がっても売らなければいいのではないか」

こう考えた人もいるかもしれません。現物取引ではそれも可能ですが、**信用取引の一部は6カ月以内に取引を完了するという期限があり、信用買いを続けることはできない**のです。仮に無期限だったとしても、その期間中ずっと金利を払い続けなくてはなりませんので、買い値まで戻したとしても大損です。

さらに怖いのが、信用売りです。1000円の株価の株を1000株借りて信用売りしたとしましょう。この株が1500円に値上がりしてしまうと、買い戻すのには150万円が必要になります。2000円なら200万円、3000円なら300万円が必要になります。

つまり、株価はどこまでも上がる可能性がありますから、上がれば上がるほど損失が増えてしまうのです。**信用買いの場合は、株価はゼロ以下にはなりませんが、信用売りの場合は**

無限に損失を被《こうむ》る可能性があるのです。

信用取引の怖さが、少しは分かってもらえたでしょうか。そして、信用取引よりも怖いのが、ＦＸです。信用取引のレバレッジは約３・３倍までですが、ＦＸのレバレッジは上限を下げられたと言っても25倍です（以前は１００倍でした）。

ＦＸは、かける金額によっては、何千万円、何億円単位で損をする可能性があります。しかも、為替の予測はプロでも難しいのですから、手を出さないのが賢明です。

念のために言っておくと、投資信託の中には、デリバティブ（金融派生商品）の一種であるオプション取引を組み合わせた商品があります。ＥＴＦの中にも、日経平均株価に対して上がるときは2倍上がり、下がるときには2倍下がるといったものもあります。こうした金融商品も、ハイリスク・ハイリターンなので注意してください。

column

インサイダー取引は身を亡ぼす

証券会社の多くは、サービスとして、アナリストの分析を顧客に公開しています。ただ、こうした**プロが作成した分析情報であっても、鵜呑《うの》みにしてはいけません。**信頼できるアナリストもいれば、そうではないアナリストもいるからです。

信頼できるアナリストかどうかは、過去の実績とともに、ある企業の業績の分析内容が、その後当たったか、はずれたかを検証すれば、簡単に分かります。

また、インターネット上で飛び交《か》う、出どころのよく分からない変な情報に飛びつかないことも大事でしょう。自分だけが得する情報、絶対に儲かる情報などというものはありません。


情報として特に注意したいのが、インサイダー情報です。何か特殊なインサイダー情報をもらって、その情報をもとに売買すると、儲かったときはもちろん、損をしたとしても、金融商品取引法違反で逮捕されることになりかねません。

読者の中には上場会社に勤めている人もいると思うのですが、自社株を買う、または売るときには特に気をつけてください。

自社株を売買できるのは、通常、決算の発表された直後のある一定の期間だけです。しかも、**事前に会社への届け出が必要**です。届け出のない自社株の売買はインサイダー取引と見なされる可能性があるので注意してください。

また、自社株でなくても、関連企業や取引先企業の株を売買するときにも注意が必要です。**取引先から得た公開されていない情報をもとに株を売買したら、インサイダー取引と見なされる可能性が十分にあります。**

私は上場企業の社外役員をしていますし、取引先企業にも上場企業が多数あります。そうした企業の株を売買するとインサイダー取引を疑われる可能性がありますので、関わりのある企業の株は一切売買しないと決めています。

「李下《りか》に冠《かんむり》を正さず」ということです。

もしインサイダー取引の罪が確定すれば刑事罰が科せられますし、勤務先も解雇されてしまう可能性がありますから、一生が台無しになってしまいます。

「ちょっとぐらいなら分からないだろう」などとは間違っても思わないことです。

第4章

「投資信託」を見極める

これまで、株式投資のための経済分析、企業分析、株価分析について述べてきました。これらを日々行いながら、「これは！」という企業を見つけて、「買いどき」に少しずつ株式投資を行っていくのが理想ですが、初心者には少し難しいかもしれません。

これもあくまで私の考えですが、投資の初心者は、経済分析、企業分析、株価分析を日々行いながらも、投資信託から始めるのも1つの有効な手段だと思います。

投資信託には、本当に様々な商品があります。その中から自分に合った商品を選んで買い、まずは相場観を養うのです。それから企業の株を買っても遅くはありません。

この章では、「良い投資信託」と「悪い投資信託」を見分けるのに役立つ指標を紹介します。

投資信託も安いときに買う

これまでに何度も述べてきた通り、「株は相場全体が下がっているときに買う」というのが勝利の鉄則です。それは、投資信託を買う場合も同じです。

私は、「フィデリティ・USリート・ファンドB（為替ヘッジなし）」という投資信託を保有していますが、これはアメリカの証券取引所に上場されている不動産投資信託（US－REIT）に投資する投資信託です。

この投資信託を買ったのは、アメリカの住宅バブルが崩壊し、不動産価格が下落したリーマン・ショック後の2009年ごろでした。

私はリーマン・ショック以前から、第1章で紹介した「ケース・シラー住宅価格指数」を見続けていました。また、日本のバブルやその崩壊も経験していますから、当時のアメリカの不動産価格が異常に高くなっており、いつかは暴落するだろうということに2006年ごろから注意を払っていました。

だから、暴落するのを待って、少し経済が落ち着いたころに不動産の投資信託を買ったのです。2009年は1ドル100円前後の円高ドル安だったことも、購入を決めた理由です。

そして、アメリカの人口が今後も増え続けることも分かっていました。人口が増えるということは、住宅の需要も増えます。不動産価格が一時的に暴落しても、いずれまた、適正な価格に戻ることは間違いないと考えたのです。

運用先のリスクとリターンの関係を知る

投資信託を買うのなら、やはり、その投資信託の商品内容などについて、よく知る必要があります。

投資信託は、簡単に言うと、手数料を払って、金融のプロに運用を代行してもらう金融商品ですが、運用対象は様々です。国内債券や海外債券、国内株式、海外株式、国内REIT（J−REIT）、海外REIT、原油や金（ゴールド）などのコモディティ（商品）に投資する投資信託もあります。

また、これらをいくつか組み合わせた「バランス型」と呼ばれる投資信託もあります。

同じ国内株式に投資する投資信託でも、プロのファンドマネージャーに運用を任せる「アクティブ型」と呼ばれる投資信託もあれば、日経平均株価やTOPIXなどの指数に連動するように、主にコンピュータを使って運用する「パッシブ型」もあります。パッシブ型は「インデックスファンド」と呼ばれることもあります。

一般社団法人投資信託協会によれば、2021年6月末時点で、日本の投資信託は約1万4000本あり、その純資産総額は279兆円を超えています。これだけたくさんあると、どれを選んでいいのか迷ってしまいますね。

そこで、**まずは運用先のリスクとリターンの関係を見ておきましょう。**

まず、投資信託に限らず、すべての運用商品で、最も安全なローリスク・ローリターンな運用先は、預貯金です。これはプロの手を借りる必要はありませんから、投資信託の運用先とはなりません。

投資信託の運用先として最もローリスク・ローリターンなのは国内債券です。海外債券は為替リスクがある分、国内債券よりリスクがあります。

ミドルリスク・ミドルリターンとしては、先ほど紹介した、いくつかの運用先に分散して投資を行うバランス型の投資信託があります。また、国内REITは、バランス型投資信託よりはリスクが高くなりますが、ミドルリスク・ミドルリターンだと言えるのではないでしょうか。

これら以外の運用先は、すべてハイリスク・ハイリターンだと考えてください。そして、運用先が国内のものより海外のもののほうが、為替リスクがある分、リスクが大きくなります。もちろん、その分リターンが大きくなる可能性もありますが。

「自分では買えない」ものを買う

私は、国内の企業の株は自分で買えばいいと考えているので、国内株式に投資する投資信託は買いませんが、投資の初心者は、国内株式に投資する投資信託の購入を検討してもいいと思います。

国内株式に投資する投資信託の中でどれがいいかは、それぞれの投資信託の実績や手数料などを検討する必要があります。「さわかみファンド」などは、長期投資が基本で、株価が安いときに実力のある企業へ投資するという私の投資スタンスに近い投資信託です。

私は、自分では買えない金融商品を投資信託で買うようにしています。先ほどのフィデリティ・USリート・ファンドBも、自分で直接、アメリカの様々なREITの中から実績のいいものを選んで複数買うことは難しいので、投資信託を買いました。

海外のいくつかの国の債券に投資したいとか、新興国や資源国の債券や株式に投資したいと思っても、個人ではできません。

国内でも、日経平均株価と同じような値動きとなるように個別株を買うことは、通常の個人では、運用額も限られるため、できません。

こうした自分では買えない金融商品への投資ができると考えると、がぜん投資信託への興味がわくのではないでしょうか。

たとえば、インド経済がこれから高成長すると考えるなら、インドの株式などに投資する投資信託を調べてみる。Ｙａｈｏｏ！ファイナンスで、「インド」で投資信託の検索を行うと88件出てきます（２０２１年7月現在）。

20年前に中国関連の投資信託に投資を行った人は、おそらく大儲けできたのではないかと思います。

第3章で世界の潮流に乗ることも大事だと述べましたが、これは投資信託選びにも当てはまります。「ＥＳＧ」や「ＳＤＧｓ」といったキーワードから投資したい投資信託を探すのも面白いと思います。こうした投資ができるのは、「投資信託ならでは」でしょう。

ただ、こうした新しいテーマやキーワードには一過性のブームに過ぎないものもありますので、10年後、20年後にも継続しているかどうかは必ず考えてみてください。

せっかく投資するのであれば、自分の興味や関心があるテーマで「これだ！」と選び抜いた投資信託に投資したいものです。ただし、投資初心者は、少額から始めるのが鉄則です。少額から始めて、経験とともに金額を増やしていくようにしてください。

絶対に「買わない」2つのルール

約1万4000本ある投資信託の中から、自分に合った投資信託を選ぶに当たって、私には、次の2つの絶対的なルールがあります。

- **純資産残高が1000億円未満は買わない**
- **設定日から3年以内は買わない**

純資産残高というのは、その投資信託への投資の総額です。純資産残高が大きいということは、それだけ多くの人が多くの金額を投資しているということです。人気がある投資信託であり、人気があるということは実績がいい可能性も高いのです。

純資産残高は必ずしも1000億円以上である必要はないのですが、多くの投資信託をふるいにかけて落とすため、やや高めに設定しています。

設定日というのは、その投資信託の運用が始まった日です。つまり、運用が始まってから3年以内の投資信託は買わないということです。なぜなら、その投資信託の運用実績を確認するのに3年は必要だと考えるから。過去3年間の実績を見て、投資信託を選ぶことが重要だということです。

基本情報の見方

それでは、個別の投資信託の基本情報の見方について説明していきましょう。

Yahoo!ファイナンスで投資信託の純資産残高ランキングを見ると、私が保有しているフィデリティ・USリート・ファンドB（為替ヘッジなし）は8位と上位ですので、この投資信託をまずは見てみましょう（317ページ。本章で取り上げる投資信託は、いずれも2021年7月22日時点のデータを使っています）。

投資信託名の横の「3，459」とあるのが**「基準価額」**で、株で言えば、株価です。

基準価額を見るときは、株価同様、長期間の値動きを確認してください。Ｙａｈｏｏ！ファイナンスであれば、折れ線グラフの上の「5年」をクリックすると、グラフが変わり、5年間の値動きを見ることができます。これを見れば、現在の基準価額が、トレンド的に安値圏なのか、高値圏なのかが分かります。この投資信託の基準価額は３０００円前後で、グラフを見る限り、安値圏だと言えるでしょう（この投資信託は毎月分配を行っていて、このような分配型のものは長期的に基準価格が下がる傾向にあり、分配金を含めたリターンで見る必要があります）。

次に、詳細情報を上から見ていきましょう。

「純資産残高」は、先ほど述べた通り、この投資信託に投資されている総額です。約６６０0億円の投資資金を集めており、「8位」とあるように、その金額は全投資信託の中で8番目に多いということです。

この純資産残高が１０００億円未満の投資信託は、私は買いません。

その下の**「資金流出入（1カ月）」**は、この1カ月間に、どれだけ投資資金が増えたか、または減ったかを表しています。この投資信託は、約40億円、投資資金が増えたということ

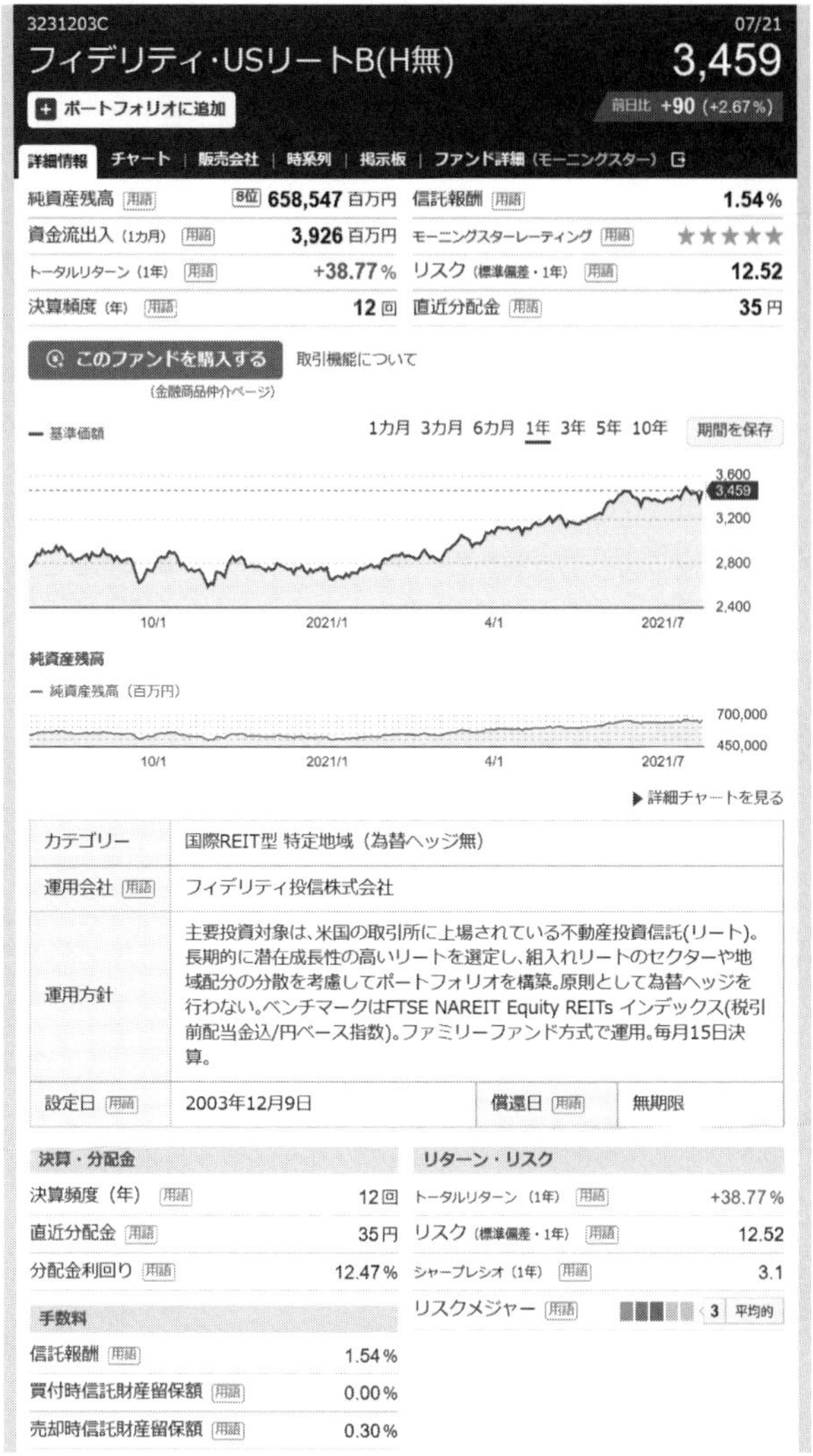
3231203C 07/21

フィデリティ・USリートB(H無) 3,459

ポートフォリオに追加 前日比 +90 (+2.67%)

詳細情報 | チャート | 販売会社 | 時系列 | 掲示板 | ファンド詳細（モーニングスター）

純資産残高 用語	8位 658,547 百万円	信託報酬 用語	1.54%
資金流出入（1カ月） 用語	3,926 百万円	モーニングスターレーティング 用語	★★★★★
トータルリターン（1年） 用語	+38.77%	リスク（標準偏差・1年） 用語	12.52
決算頻度（年） 用語	12回	直近分配金 用語	35円

このファンドを購入する 取引機能について
（金融商品仲介ページ）

▶詳細チャートを見る

カテゴリー	国際REIT型 特定地域（為替ヘッジ無）		
運用会社 用語	フィデリティ投信株式会社		
運用方針	主要投資対象は、米国の取引所に上場されている不動産投資信託(リート)。長期的に潜在成長性の高いリートを選定し、組入れリートのセクターや地域配分の分散を考慮してポートフォリオを構築。原則として為替ヘッジを行わない。ベンチマークはFTSE NAREIT Equity REITs インデックス(税引前配当金込/円ベース指数)。ファミリーファンド方式で運用。毎月15日決算。		
設定日 用語	2003年12月9日	償還日 用語	無期限

決算・分配金		リターン・リスク	
決算頻度（年） 用語	12回	トータルリターン（1年） 用語	+38.77%
直近分配金 用語	35円	リスク（標準偏差・1年） 用語	12.52
分配金利回り 用語	12.47%	シャープレシオ（1年） 用語	3.1
手数料		リスクメジャー 用語	3 平均的
信託報酬 用語	1.54%		
買付時信託財産留保額 用語	0.00%		
売却時信託財産留保額 用語	0.30%		

出所：Yahoo!ファイナンス

です。

その下に**「トータルリターン（1年）」**と表記されています。これは、この1年間で、分配金を含めて、投資した元本の増減がどれくらいだったかを年率で表した指標です。この投資信託は38・77％ですから、もし1年前に100万円分買っていたら、現在は約139万円になっているということです。

その下の**「決算頻度（年）」**が「12回」となっているのは、年に12回、つまり毎月、決算をしていることを示しています。

右上にある**「信託報酬」**というのは、この投資信託を保有している間ずっとかかる運用・管理の手数料のことです。年率で表示されており、1・54％ということは、仮に100万円分購入したとすると、100万円×0・0154＝1万5400円を年間の信託報酬として支払うことになります。実際には、日割りで毎日支払われています。

「モーニングスターレーティング」は、モーニングスターという格付け会社がこの投資信託のパフォーマンスを評価して、投資信託全体の中でどのランクに位置するかを星の数で表した指標です。

5つ星　上位10％のパフォーマンス
4つ星　上位10～32・5％のパフォーマンス
3つ星　上位32・5～67・5％のパフォーマンス
2つ星　上位67・5～90％のパフォーマンス（つまり下位10～32・5％）
1つ星　上位90～100％のパフォーマンス（つまり下位10％）

この投資信託は5つ星ですから、全投資信託の中で上位10％のパフォーマンスだったということです。

「標準偏差」が大きいほどハイリスク・ハイリターン

次に、**「リスク（標準偏差・1年）」**とあります。少し難しいかもしれませんが、標準偏差とは数値のばらつきを表す指標で、正規分布の場合、「1標準偏差＝1σ（シグマ）」に入る確率は約68％、2σ以内に入る確率は約95％です。

この投資信託の標準偏差が12・52だということは、今後1年間のリターンが、過去1年間のリターンからプラスマイナス12・52％の範囲内で増減する確率が約68％あるということです。

トータルリターンの1年の実績値38・77％＋12・52％＝51・29％
トータルリターンの1年の実績値38・77％－12・52％＝26・25％
トータルリターンが26・25～51・29％の範囲になる確率が約68％だということです。

次に2σを計算すると、次のようになります。

トータルリターンの1年の実績値38・77％＋（12・52％×2）＝63・81％
トータルリターンの1年の実績値38・77％－（12・52％×2）＝13・73％
トータルリターンが13・73～63・81％の範囲になる確率が約95％だということです。
つまり、標準偏差の数値が大きければ大きいほど、増減幅が大きくなり、それだけハイリスク・ハイリターンだということです。

「毎月分配型」が年金生活者に人気だった理由

最後の「**直近分配金**　35円」とあるのは、直近の分配実績が35円だったことを示していま す。運用方針に「毎月15日決算」とあるように、毎月決算を行い、分配金を投資家に配って いるので、年間で35円×12カ月＝420円になります。

基準価額3000円だとして、300万分円購入すると、月3万5000円が分配金とし て受け取れます。

分配金は投資信託のパフォーマンスによって異なってきますし、パフォーマンスが良くな いときでも分配を行う（特別分配）こともありますから、注意が必要です（ちなみに、普通分配には税金がかかりますが、特別分配には税金はかかりません）。

こうした**毎月分配金を受け取れる投資信託を「毎月分配型」と呼びます。**年金暮らしの人たちは、こうした毎月の分配金を生活の足しにできることから、一時は人気が高かったのですが、現在は、毎月分配型の運用があまりかんばしくないためか、人気は下火です。

元本を増やすことが目的なら、分配金がなく、運用益を再投資するタイプの投資信託を選

ぶことをおすすめします。再投資されて元金に組み込まれた部分が複利で増えていくので、運用利回りが高まる可能性があるからです。

「設定日」と「償還日」の注意点は?

次に、基準価額の折れ線グラフと純資産残高の折れ線グラフの下を見ていきます。

「カテゴリー」は、投資信託の運用先の種類のことです。この投資信託は「国際REIT型」に分類されています。

「**運用会社**　フィデリティ投信株式会社」とあるのは、この投資信託を運用している会社がフィデリティ投信であることを示しています。

「運用方針」には、その名の通り、この投資信託の運用方針が簡潔に書かれています。

「**設定日**　2003年12月9日」は、この投資信託の運用が始まった日です。先にも説明したように、この設定日から3年以内の投資信託は、私は買いません。

「償還日」とは、この投資信託が運用を終える日のことです。この投資信託は無期限ですから、運用を終える日が決まっていないことを表しています。

償還日まで1年以内の投資信託などは、長期投資ができないので、あまりおすすめではありません。アマチュア投資家の基本スタンスは長期投資ですから、償還日が決まっていても、できるだけ残りの期間が長い投資信託を選ぶようにしてください。

手数料はたった1%でも、ばかにならない

さらにその下に「決算・分配金」「手数料」「リターン・リスク」という3つに分けて指標が表示されていますので、順番に見ていきましょう。

決算・分配金の「決算頻度（年）」と「直近分配金」は、すでに説明した通りです。**「分配金利回り」**は、直近の基準価額に対する、この1年間の分配金の利回りを表しており、この投資信託は12・47%の高利回りの分配を行っていたということです。

手数料の「信託報酬」についてはすでに説明しましたが、投資信託にかかる費用や手数料には、主に以下の3つがあります。

①販売時にかかる販売手数料

②運用期間中ずっとかかる信託報酬
③売却時にかかる信託財産留保額

まず、**「販売手数料」**は、投資信託を買うときに販売会社に支払う手数料で、「基準価額に対して○%」というかたちでかかるのが普通です。

「○%」の部分は、投資信託ごとに上限が決められており、その範囲内で販売会社（銀行、証券会社など）ごとに決められるのが一般的です。そのため、同じ投資信託でも、どの販売会社で購入するかで手数料が違う場合もあります。

最近は**「ノーロード」という販売手数料ゼロの投資信託**も増えています。

信託報酬の下に**「買付時信託財産留保額」**とあるのは、さらに買い増すときの手数料のことです。この投資信託は0・00%ですから、これについては手数料がかかりません。

「売却時信託財産留保額」は売却時にかかるもので、この投資信託の場合は売却額の0・30%を手数料として支払う必要があります。

これら3つの手数料の数値が大きいほど、多くの手数料を支払う必要があるということですから、できるだけ手数料の安い投資信託を選びたいのですが、手数料が安くてもリターンがマイナスではお金が減ってしまいます。

投資信託を選ぶ際には、**まず過去の実績からリターンを確認し、そのリターンに見合う手数料かどうかを考えて判断してください。**

日経平均株価やTOPIXといった指数に連動することを目的とした投資信託は、コンピュータで運用されているため、運用・管理の費用が安く抑えられます。このため手数料が比較的安い傾向があり、「ノーロード」のものも珍しくありません。

手数料1%というと「たった1%ならいいや」と思いがちですが、100万円分購入したら1万円も支払うことになります。運用成績がプラスマイナスゼロの場合でも、資産が99万円に減ってしまいます。

手数料のかかる投資信託を短期で売買すると、買うときに手数料を払い、保有している間も手数料を払い、売るときにも手数料を払い、しかもそれを繰り返すことになりますので、儲かるのは売った銀行や証券会社や投資信託の運用会社ばかりといったことになりかねません。投資家にとっては、これほどばからしいことはないでしょう。

手数料が高い投資信託は、その分だけリターンが得にくい金融商品だとも言えます。これまでの実績を見極めたうえで、できるだけ手数料の安い投資信託を選んで、基準価額が安いときに買い、それを長期間保有するのが賢い投資法だと言えるのではないでしょうか。

「シャープレシオ」は大きいほど好実績

リターン・リスクの「トータルリターン（1年）」と「リスク（標準偏差・1年）」については説明しました。

次の**「シャープレシオ（1年）」**とは、この1年間、リスク（標準偏差）に対して、どれだけの超過リターン（＝その投資信託のリターン－国債など無リスク資産の金利）を得られたかを表しています。「3・1」とあるのは、3・1倍の超過リターンを得られたということです。

この数値が大きいほど、リスクに比してリターンが大きい、すなわち、いい商品ということになります。ですから、投資信託を選ぶ際に「シャープレシオ」を見るときは、まずプラスであることが大前提であり、できるだけ数値が大きいものを選ぶとよいでしょう。

「リスクメジャー」は、この投資信託の標準偏差の大きさが投資信託全体の中でどのランクに位置するかを示した指標です。「1」が一番リスクが低く、「5」が一番リスクが高いことを表し、この投資信託は3ですから、平均的なリスクの投資信託だということです。

標準偏差やシャープレシオの意味合いがよく分からないという人は、このリスクメジャーで投資信託のリスクの大きさを確認し、まずは1や2の低リスクの投資信託から始めるのも1つの方法です。もちろん、3や4の投資信託を少額買って、その値動きと経済の動きを連動させて見ることで相場観を養うこともできるでしょう。

株もそうですが、人には性格というものがあり、大きなリスクをとっても平気な人もいれば、逆に、あたふたして落ち着かなくなってしまう人もいます。毎日ドキドキしっぱなしというのは身体に良くありませんので、**自分の性格に合わせてリスクをとることが大事**になります。

column

いまは日本のREITを買わないのはなぜか?

日本の不動産に投資するJ-REITは、現在、総じて好調です。ただ私は、いまは買いません。その理由を説明しましょう。

新型コロナで在宅勤務やテレワークが増え、オフィスに通う回数は、新型コロナ前に比べて圧倒的に減少しました。企業としては、社員が少人数しかいないオフィスに毎月高い賃料を払うのはムダなため、オフィスを縮小するなどコスト削減対策を行っています。

この結果、オフィス賃料は下がっています。人口が減少する日本では、オフィス需要も、住宅需要も今後減少しますので、物流倉庫などを除いては、日本の不動産の将来性が高いわけでもありません。にもかかわらず、REITは上がっています。不思議だとは思いませんか。こうした不思議な現象が起きているものに投資をすると、だいたい痛い目にあいます。

日本のREITに投資を行っているのは、多くは海外投資家です。海外投資家から見ると、為替レートが変わらなければ、安定して3%程度の利回りが稼げるため、金融緩和によってあまりにあまっている資金の一部が日本のREITに集まっているのです。

つまり、日本の不動産が魅力的だから投資されているわけではなく、あまった資金の投資先として悪くはないから投資されているに過ぎないということです。

この私の仮説が正しければ、金融緩和政策が出口に向かえば、いずれ資金が引き揚げられ、日本のREITの価格は下がるでしょう。間違っても長期的に上がることはないというのが、私の見方です。

常識からはずれた動きは、必ずどこかで戻ります。投資家も常識でものごとを判断することが重要なのではないでしょうか。

「投資不適格」な債券に投資する？

私が保有しているもう1つの投資信託が、「フィデリティ・USハイ・イールド・ファンド」です。この投資信託は、アメリカの債券の中でも、格付けの低い投資不適格な事業債（ハイ・イールド・ボンド）に投資する投資信託です。

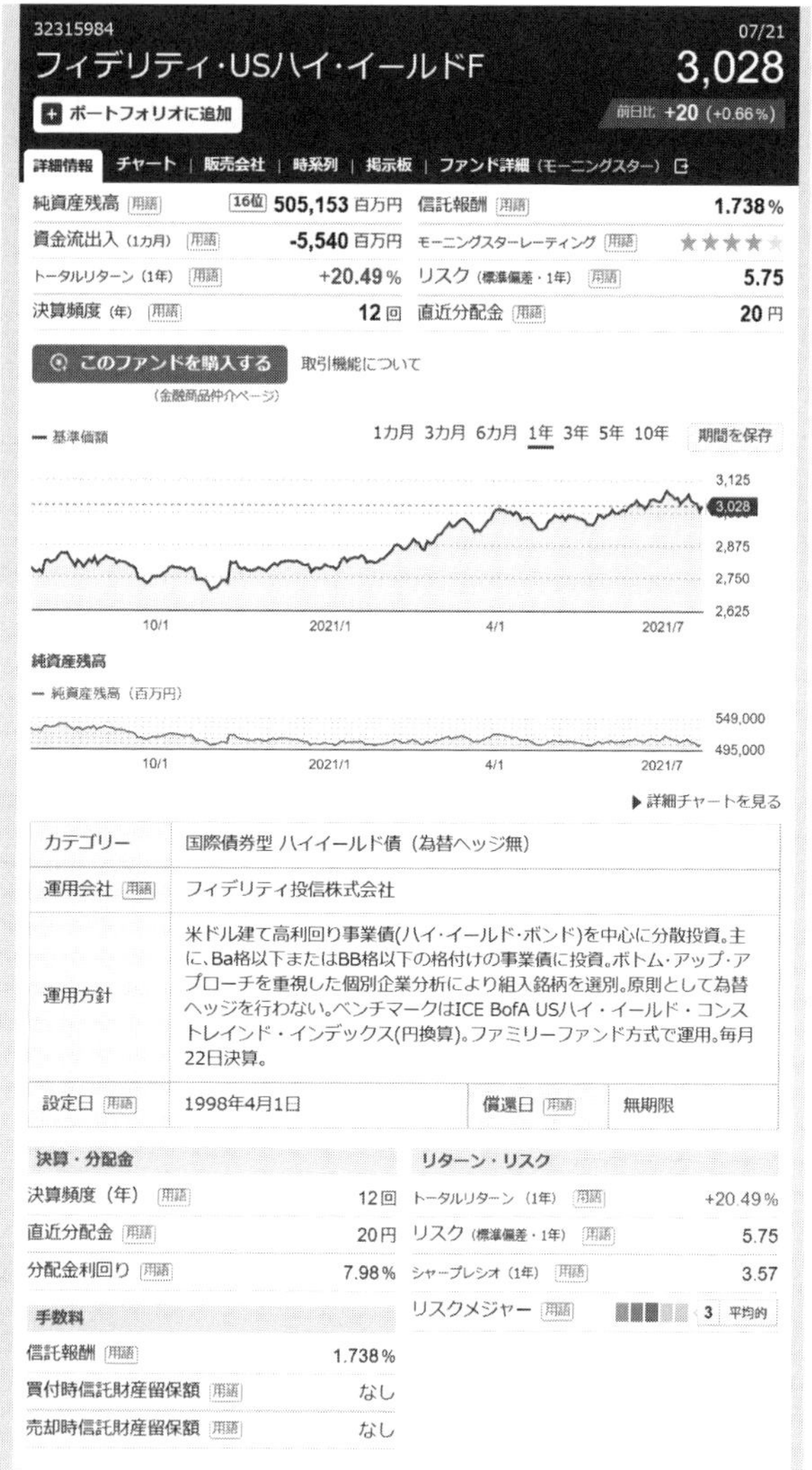

32315984　07/21

フィデリティ・USハイ・イールドF　3,028

ポートフォリオに追加　前日比 +20 (+0.66%)

詳細情報 | チャート | 販売会社 | 時系列 | 掲示板 | ファンド詳細（モーニングスター）

純資産残高 用語	16位 505,153百万円	信託報酬 用語	1.738%
資金流出入（1カ月） 用語	-5,540百万円	モーニングスターレーティング 用語	★★★★
トータルリターン（1年） 用語	+20.49%	リスク（標準偏差・1年） 用語	5.75
決算頻度（年） 用語	12回	直近分配金 用語	20円

このファンドを購入する（金融商品仲介ページ）　取引機能について

▶詳細チャートを見る

カテゴリー	国際債券型 ハイイールド債（為替ヘッジ無）		
運用会社 用語	フィデリティ投信株式会社		
運用方針	米ドル建て高利回り事業債(ハイ・イールド・ボンド)を中心に分散投資。主に、Ba格以下またはBB格以下の格付けの事業債に投資。ボトム・アップ・アプローチを重視した個別企業分析により組入銘柄を選別。原則として為替ヘッジを行わない。ベンチマークはICE BofA USハイ・イールド・コンストレインド・インデックス(円換算)。ファミリーファンド方式で運用。毎月22日決算。		
設定日 用語	1998年4月1日	償還日 用語	無期限

決算・分配金

決算頻度（年） 用語	12回
直近分配金 用語	20円
分配金利回り 用語	7.98%

手数料

信託報酬 用語	1.738%
買付時信託財産留保額 用語	なし
売却時信託財産留保額 用語	なし

リターン・リスク

トータルリターン（1年） 用語	+20.49%
リスク（標準偏差・1年） 用語	5.75
シャープレシオ（1年） 用語	3.57
リスクメジャー 用語	3 平均的

出所：Yahoo!ファイナンス

なぜ、わざわざ投資不適格な債券に投資するのでしょうか。それは、リスクはありますが、破綻さえしなければ、高い利回りを得ることができるからです。

債券は、本来は比較的ローリスク・ローリターンな金融商品ですが、その中でリスクの高いものへ投資するという面白い投資信託です。

基準価額は、2015年までは5000円を超えていましたが、現在は3000円前後です。毎月分配をしていることが大きな原因です。リスクメジャーは3で平均的。信託報酬は1・738%ですから、少し高めでしょうか。

投資不適格な事業債券に投資する面白い投資信託ですが、それがどういうことなのか、よく分からないという人は、この投資信託は買わないほうがいいでしょう。

自分がよく分からないものに投資して失敗すると、「なぜこんなものに投資してしまったのか」と必ず後悔することになります。やはり投資先は、自分が分かる範囲にしたほうがいいと思います。

ローリスクは「ゼロリスク」ではない

比較的リスクの高い債券への投資信託を見たので、リスクの低い国内債券へ投資する投資信託も見ておきましょう。

Ｙａｈｏｏ！ファイナンスで純資産残高第13位の投資信託「ダイワファンドラップ 日本債券セレクト」です。

モーニングスターレーティングは星4つ、トータルリターンは＋1・01％と好成績でありながら、リスクメジャーは1で、ローリスク・ローリターンが実現できています。そのため人気が出ており、基準価額も純資産残高も右肩上がりです。

投資信託には、こうした堅実なものもあります。ただ、リターンが1・01％で、リスク（標準偏差）が1・31ということは、買う時期を誤ると、お金を減らす可能性もあります。

ローリスクであっても、ゼロリスクではないのです。その点が、1000万円まで元本保証のある預貯金とは違うところです。

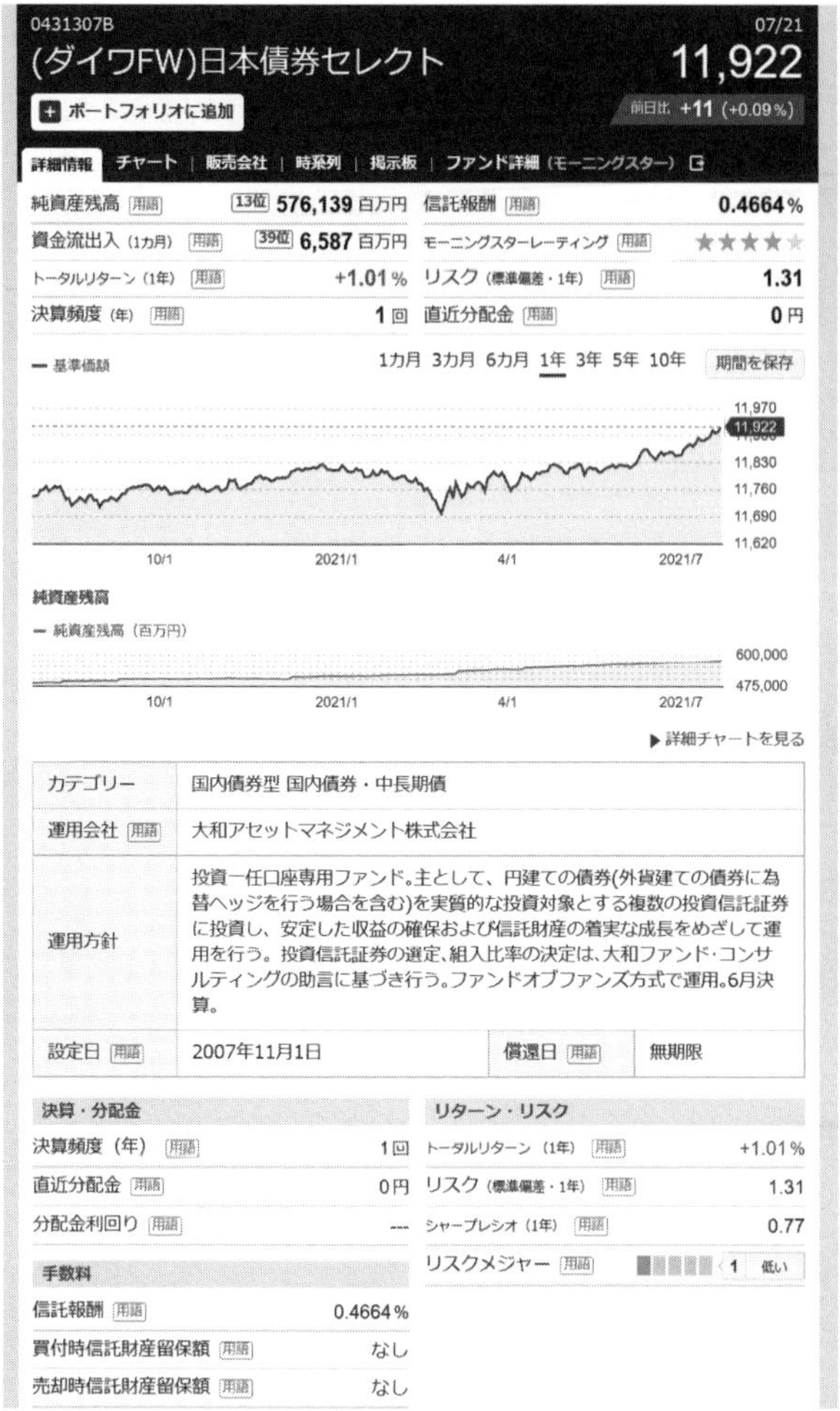

0431307B 07/21

(ダイワFW)日本債券セレクト

11,922

ポートフォリオに追加

前日比 +11 (+0.09%)

詳細情報 | チャート | 販売会社 | 時系列 | 掲示板 | ファンド詳細（モーニングスター）

純資産残高 用語	13位 576,139 百万円	信託報酬 用語	0.4664%
資金流出入（1カ月） 用語	39位 6,587 百万円	モーニングスターレーティング 用語	★★★★☆
トータルリターン（1年） 用語	+1.01%	リスク（標準偏差・1年） 用語	1.31
決算頻度（年） 用語	1回	直近分配金 用語	0円

カテゴリー	国内債券型 国内債券・中長期債		
運用会社 用語	大和アセットマネジメント株式会社		
運用方針	投資一任口座専用ファンド。主として、円建ての債券(外貨建ての債券に為替ヘッジを行う場合を含む)を実質的な投資対象とする複数の投資信託証券に投資し、安定した収益の確保および信託財産の着実な成長をめざして運用を行う。投資信託証券の選定、組入比率の決定は、大和ファンド・コンサルティングの助言に基づき行う。ファンドオブファンズ方式で運用。6月決算。		
設定日 用語	2007年11月1日	償還日 用語	無期限

決算・分配金	
決算頻度（年） 用語	1回
直近分配金 用語	0円
分配金利回り 用語	---

手数料	
信託報酬 用語	0.4664%
買付時信託財産留保額 用語	なし
売却時信託財産留保額 用語	なし

リターン・リスク	
トータルリターン（1年） 用語	+1.01%
リスク（標準偏差・1年） 用語	1.31
シャープレシオ（1年） 用語	0.77
リスクメジャー 用語	1 低い

出所：Yahoo!ファイナンス

「アクティブ」と「インデックス」を比較する

国内株式に投資する投資信託としては、Ｙａｈｏｏ！ファイナンスの純資産残高第19位に「フィデリティ・日本成長株・ファンド」（３３５ページ）があります。これはファンドマネージャーが株式を自らの判断で選別して運用するアクティブ型です。

パッシブ型のインデックスファンドである「ニッセイ日経２２５インデックスファンド」（３３６ページ）と比べて指標を見てみましょう。ちなみに、日経２２５というのは、日経平均株価のことです。

ここ1年のトータルリターンはどちらも30％以上と高い。ここ１カ月の資金流出入は、フィデリティ・日本成長株・ファンドがマイナス7億５２００万円、ニッセイ日経２２５インデックスファンドがプラス25億４３００万円ですから、後者の人気が上がっていることが分かります。

モーニングスターレーティングは星2つと星４つ、リスクメジャーはどちらも3です。同じ平均的なリスクでありながら、ニッセイ日経２２５インデックスファンドのほうが、この

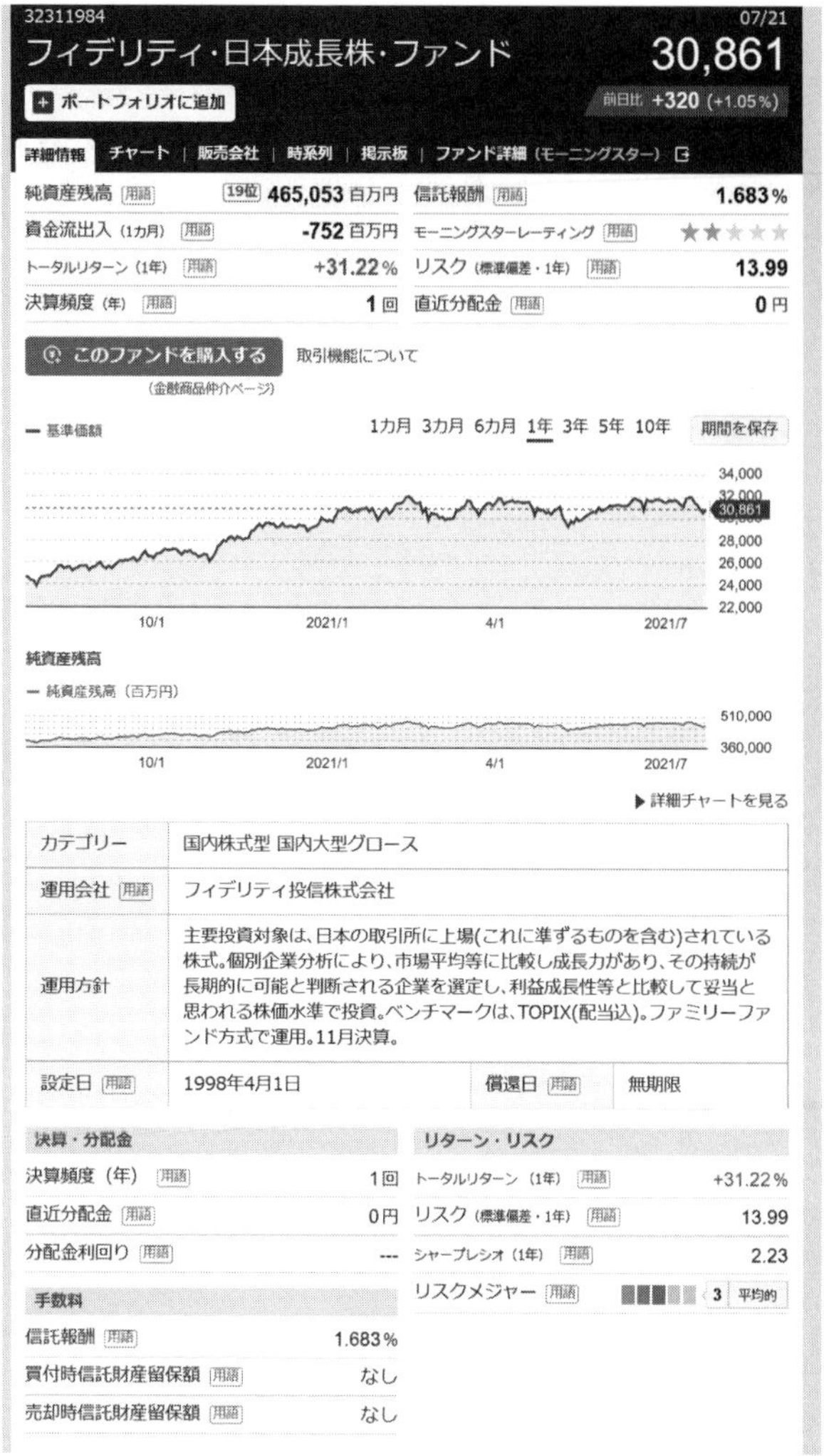
32311984　07/21

フィディリティ・日本成長株・ファンド　30,861

ポートフォリオに追加　前日比 +320 (+1.05%)

詳細情報 | チャート | 販売会社 | 時系列 | 掲示板 | ファンド詳細（モーニングスター）

純資産残高 用語	19位 465,053百万円	信託報酬 用語	1.683%
資金流出入（1カ月） 用語	-752百万円	モーニングスターレーティング 用語	★★★★★
トータルリターン（1年） 用語	+31.22%	リスク（標準偏差・1年） 用語	13.99
決算頻度（年） 用語	1回	直近分配金 用語	0円

このファンドを購入する　取引機能について
（金融商品仲介ページ）

純資産残高

▶詳細チャートを見る

カテゴリー	国内株式型 国内大型グロース		
運用会社 用語	フィデリティ投信株式会社		
運用方針	主要投資対象は、日本の取引所に上場(これに準ずるものを含む)されている株式。個別企業分析により、市場平均等に比較し成長力があり、その持続が長期的に可能と判断される企業を選定し、利益成長性等と比較して妥当と思われる株価水準で投資。ベンチマークは、TOPIX(配当込)。ファミリーファンド方式で運用。11月決算。		
設定日 用語	1998年4月1日	償還日 用語	無期限

決算・分配金

決算頻度（年） 用語	1回
直近分配金 用語	0円
分配金利回り 用語	---

手数料

信託報酬 用語	1.683%
買付時信託財産留保額 用語	なし
売却時信託財産留保額 用語	なし

リターン・リスク

トータルリターン（1年） 用語	+31.22%
リスク（標準偏差・1年） 用語	13.99
シャープレシオ（1年） 用語	2.23
リスクメジャー 用語	3 平均的

出所：Yahoo!ファイナンス

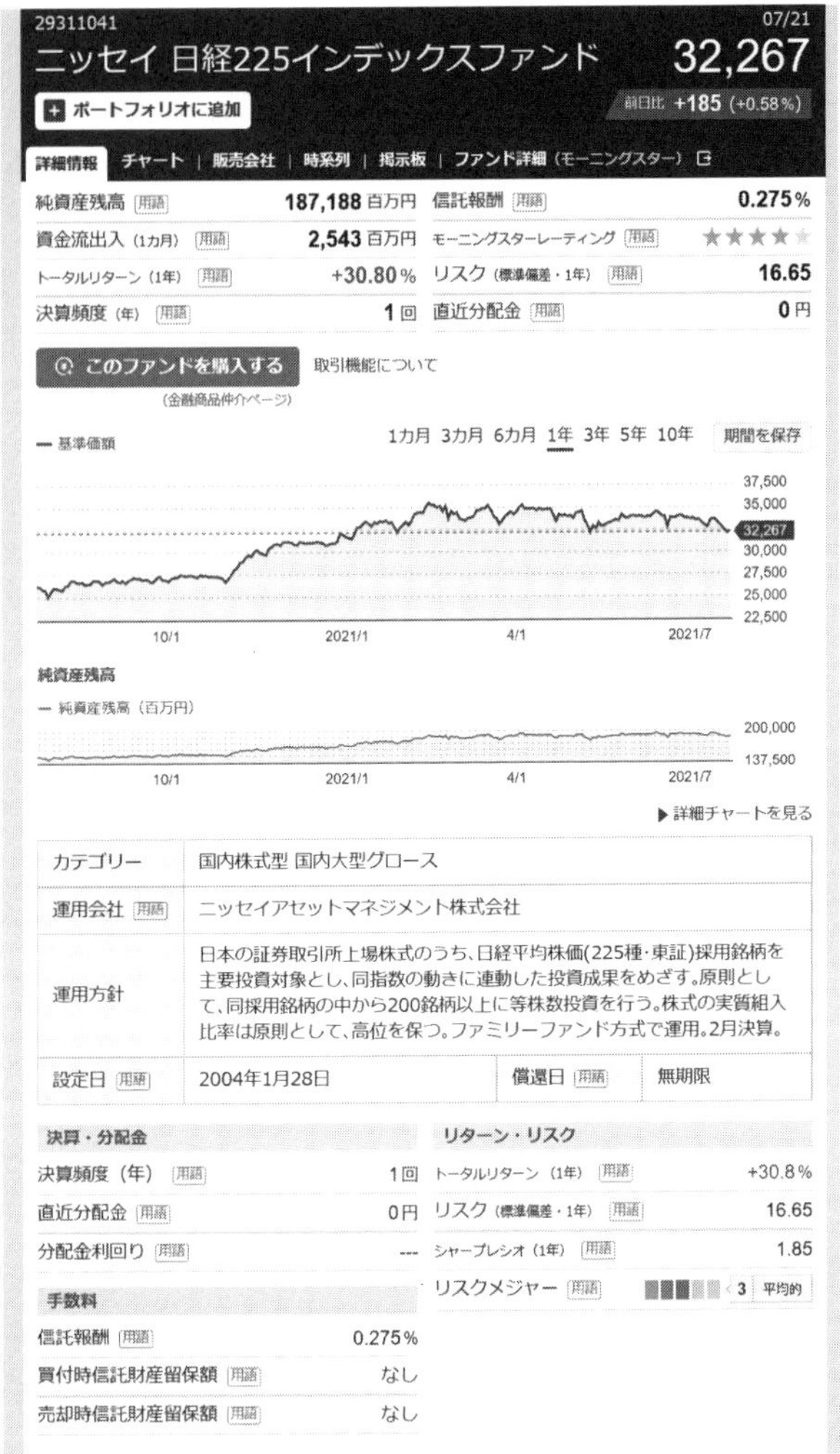

29311041		07/21
ニッセイ 日経225インデックスファンド		**32,267**

＋ ポートフォリオに追加 　前日比 **+185 (+0.58%)**

詳細情報 | チャート | 販売会社 | 時系列 | 掲示板 | ファンド詳細（モーニングスター） | ⎆

純資産残高 [用語]	**187,188** 百万円	信託報酬 [用語]	**0.275%**
資金流出入 (1カ月) [用語]	**2,543** 百万円	モーニングスターレーティング [用語]	★★★★☆
トータルリターン (1年) [用語]	**+30.80%**	リスク (標準偏差・1年) [用語]	**16.65**
決算頻度 (年) [用語]	**1** 回	直近分配金 [用語]	**0** 円

◎ このファンドを購入する 取引機能について
（金融商品仲介ページ）

— 基準価額 　　1カ月 3カ月 6カ月 1年 3年 5年 10年 　期間を保存

純資産残高
— 純資産残高 (百万円)

▶ 詳細チャートを見る

カテゴリー	国内株式型 国内大型グロース
運用会社 [用語]	ニッセイアセットマネジメント株式会社
運用方針	日本の証券取引所上場株式のうち、日経平均株価(225種・東証)採用銘柄を主要投資対象とし、同指数の動きに連動した投資成果をめざす。原則として、同採用銘柄の中から200銘柄以上に等株数投資を行う。株式の実質組入比率は原則として、高位を保つ。ファミリーファンド方式で運用。2月決算。
設定日 [用語]	2004年1月28日	償還日 [用語]	無期限

決算・分配金

決算頻度 (年) [用語]	1 回
直近分配金 [用語]	0 円
分配金利回り [用語]	---

手数料

信託報酬 [用語]	0.275%
買付時信託財産留保額 [用語]	なし
売却時信託財産留保額 [用語]	なし

リターン・リスク

トータルリターン (1年) [用語]	+30.8%
リスク (標準偏差・1年) [用語]	16.65
シャープレシオ(1年) [用語]	1.85
リスクメジャー [用語]	■■■□□ 3 平均的

出所：Yahoo!ファイナンス

ところの実績が高いという評価です。

信託報酬は大きく違い、1・683%と0・275%。フィデリティ・日本成長株・ファンドは、ニッセイ日経225インデックスファンドの約6倍の信託報酬を支払う必要があります。本来であれば、前者が後者より高い信託報酬の分、それに見合った高いリターンを出す必要があるのですが、結果は、現状ではそうなっておらず、このため前者は売られ、純資産残高が減っているとも考えられます。

基準価額が下がって安値圏になったときに買うなら、信託報酬が安いニッセイ日経225インデックスファンドのほうが、実績を見てもお得なように思えますが、より高いリターンを求めるなら、信託報酬が少し高いですが、アクティブ型という選択もあるでしょう。

売買しやすい投資信託「ETF」

投資信託には、主に日経平均株価やTOPIXに連動する運用成果を目指して、東京証券取引所などに上場しているものがあります。これが**「ETF（上場投資信託）」**です。簡単に言うと、先ほど紹介したインデックスファンドなどを上場して、売買しやすくしたのがET

Fです。株と同様、市場の取引時間中はいつでもリアルタイムで売買できます。

東京証券取引所に上場しているETFは、2021年7月現在、国内のものが211、外国のものが36あり、合計247となっています。


「NEXT FUNDS 日経225連動型上場投信」の指標を見てみましょう。

「純資産」は7兆7293億6000万円。純資産残高が1位の投資信託でも1兆円台ですから、その約7倍の資産規模であることが分かります。

「最低購入代金」は、この投資信託の株価です。**「売買単位」**が1株からなので、2万8220円から買えることになります（2021年7月21日終値）。

「投資対象資産」は株式、「投資対象地域」は日本、「連動対象」は日経225、「決算頻度」は年1回、「決算月」は7月、「上場年月日」は2001年7月13日です。

「信託報酬」は、0・198％ですから低いと言えるでしょう。

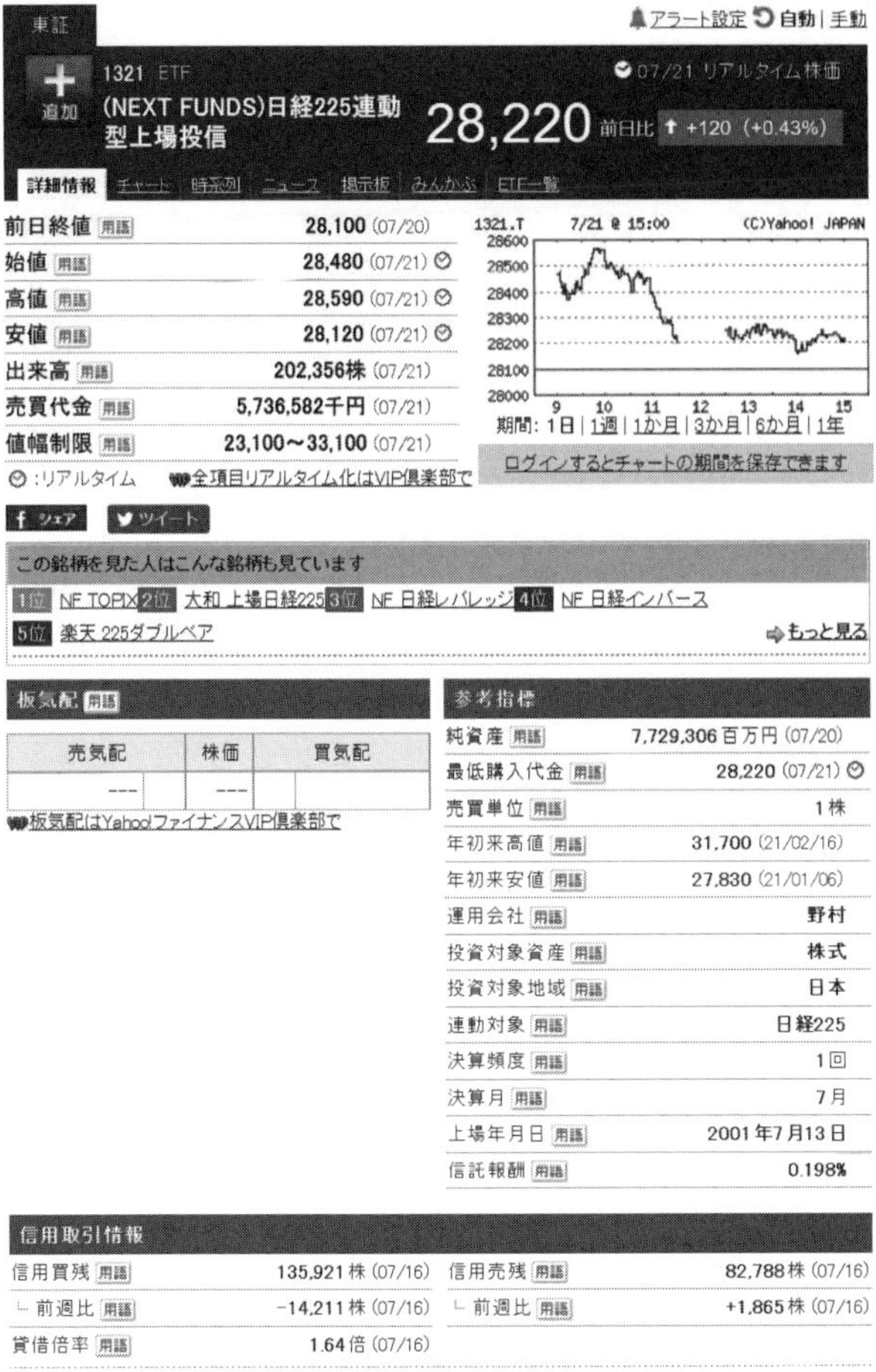
東証

アラート設定 自動｜手動

1321 ETF

(NEXT FUNDS)日経225連動型上場投信

07/21 リアルタイム株価

28,220 前日比 +120（+0.43%）

追加

詳細情報 チャート 時系列 ニュース 掲示板 みんかぶ ETF一覧

前日終値 用語	28,100 (07/20)
始値 用語	28,480 (07/21)
高値 用語	28,590 (07/21)
安値 用語	28,120 (07/21)
出来高 用語	202,356株 (07/21)
売買代金 用語	5,736,582千円 (07/21)
値幅制限 用語	23,100～33,100 (07/21)

:リアルタイム　全項目リアルタイム化はVIP倶楽部で

ログインするとチャートの期間を保存できます

シェア　ツイート

この銘柄を見た人はこんな銘柄も見ています

1位 NF TOPIX 2位 大和 上場日経225 3位 NF 日経レバレッジ 4位 NF 日経インバース

5位 楽天 225ダブルベア　もっと見る

板気配 用語

売気配		株価		買気配
---		---		

板気配はYahoo!ファイナンスVIP倶楽部で

参考指標

純資産 用語	7,729,306百万円 (07/20)
最低購入代金 用語	28,220 (07/21)
売買単位 用語	1株
年初来高値 用語	31,700 (21/02/16)
年初来安値 用語	27,830 (21/01/06)
運用会社 用語	野村
投資対象資産 用語	株式
投資対象地域 用語	日本
連動対象 用語	日経225
決算頻度 用語	1回
決算月 用語	7月
上場年月日 用語	2001年7月13日
信託報酬 用語	0.198%

信用取引情報

信用買残 用語	135,921株 (07/16)	信用売残 用語	82,788株 (07/16)
└ 前週比 用語	-14,211株 (07/16)	└ 前週比 用語	+1,865株 (07/16)
貸借倍率 用語	1.64倍 (07/16)		

出所：Yahoo!ファイナンス

「投資先」と「時間」の2つを分散する

投資の初心者は分散投資をするのが基本だと、序章で述べました。その際に、投資先をどのように分散するか、ポートフォリオについても触れました。このように、分散投資というと投資先を分散させることに目が行きがちですが、**時間を分散することも分散投資**だと言えるでしょう。

リーマン・ショック後にフィデリティ・USリート・ファンドB（為替ヘッジなし）を買ったと述べましたが、このときも私は2回に分けて買いました。1回買って、しばらく様子を見て、さらに基準価額が下がったので、買い足したのです。

「買いどき」だと判断しても、一度にすべて買おうとせず、何度かに分けて買う、時間の分散投資を行ったほうが、リスクを軽減できます。

毎月少しずつ一定金額を買う「積み立て」も、時間の分散投資になります。もちろん、積み立てを始めるのも、株価や基準価額が下がっているときがベストです。

「リバランス」のタイミングは？

分散投資を行っていると、その配分を見直す必要がどうしても出てきます。これを「リバランス」と言いますが、これがなかなか難しいのです。

ある企業の株価が上がって資産価値が上がれば、たとえば、預貯金3割、投資信託4割、株3割といったバランスが崩れてしまいます。

このとき、バランスを元に戻すためにリバランスを行い、値上がりした株を売ることもできますが、売ると運用益に対して税金を払うことになります。何かの理由でお金が必要なら、それでいいと思いますが、特に使うあてがないなら、売らずにそのまま保有しておくのも1つの選択肢です。

手数料を考えても、売り買いの回数は少ないほうがいいことは間違いありません。

株だけ、あるいは、ある投資信託だけの投資では、あまりに偏りがあり、投資初心者のリスク分散としては問題がありますが、2〜3の日本の企業の株を買い、日本株以外に投資する投資信託を2つ程度買っているのであれば、それらの割合はあまり気にせず、お気に入りのものならできるだけ長期間保有するというのも有効な考え方でしょう。

理想は、投資した株や投資信託の資産が増え、さらに余裕資金で別の種類の投資を行うことで資産を増やすことです。投資先と時間の分散投資を行いながら、総資産を増やすことが目的ですから、それらのバランスにはあまり極端にこだわらなくてもいいのではないか、というのが私の考えです。

おわりに

私は現在、15ほどの企業の株を所有しています。購入したのはすべてリーマン・ショック後ですが、（TOBで上場廃止になった銘柄を除くと）まだ売った株はありません。株式投資というものは、自分がこれだと思う企業の成長や社会の発展に合わせて自分の財産を増やしていくものだと考えているからです。私が株を所有している企業は、これからも成長するでしょうし、日本はもちろん、世界の発展にも貢献するだろうと判断し、株を売らずにもち続けているのです。

私が大変尊敬する経営者の1人、松下幸之助さんは、株式投資について、次のように語っていました。

「新しい日本の繁栄、平和、幸福、そして国家国民の真の安定のためには、やはりなるべく多くの国民が株をもった形態において、国家産業の興隆に寄与するということを、力強く推し進めていくことが肝要だと思うのである。そうすれば、株主に投資した株式から受ける利益だけでなく、投資することによって産業が興隆し社会が繁栄するところから起こる、いわゆる社会共同の繁栄による利益なり恩恵を受けることができる。つまり大衆は、株をもつことによって二重の利益を得られるわけである」

（「株式の大衆化で新たな繁栄を」／『松下幸之助発言集 第40巻』所収）

株式投資を単なる自分のお金儲けと考えるのではなく、社会を良くするための投資なのだという大きな視野で考えると、投資する企業の選び方が変わってくるかもしれません。

本書では、株式投資に必要と考えられる指標の解説を中心に行ったため、それぞれの企業の経営理念やビジョンといった数値化できないものには触れられませんでした。しかし、投資する企業を選ぶ際、それらが指標同様に重要であることは言うまでもありません。

まず、経営理念や掲げるビジョンに共感できる、経営理念やビジョンの実現を応援したくなる企業を選ぶことが何よりも大切です。

そうした企業の中から、指標を使って「買いどき」や「優良企業」、株価の「割安・割高」を見極めて安く株を買い、長期にわたって保有し続けることで、企業の発展も応援しながら自分の財産も増やしていく。これが、私たち個人投資家が大事にしたい投資スタンスなのではないでしょうか。

なお、本書作成にあたり、ＰＨＰ研究所の中村康教さん、岸正一郎さん、坂田博史さんには大変お世話になりました。この場を借りて心よりお礼申し上げます。彼らのおかげでいい本に仕上がりました。

２０２１年秋

小宮一慶

編集協力：坂田博史
図版作成：桜井勝志

小宮一慶(こみや・かずよし)

経営コンサルタント。株式会社小宮コンサルタンツ代表。十数社の非常勤取締役や監査役、顧問も務める。

1957年、大阪府堺市生まれ。1981年、京都大学法学部卒業。東京銀行に入行。1984年7月から2年間、米国ダートマス大学経営大学院に留学。MBA取得。帰国後、同行で経営戦略情報システムやM&Aに携わったのち、岡本アソシエイツ取締役に転じ、国際コンサルティングにあたる。その間の1993年初夏には、カンボジアPKOに国際選挙監視員として参加。1994年5月からは、日本福祉サービス(現セントケア・ホールディング)企画部長として在宅介護の問題に取り組む。1996年に小宮コンサルタンツを設立し、現在に至る。

『プロがやっている これだけ! 会計&会社分析』(日本経済新聞出版版)、『新訂 私でも面白いほどわかる決算書』(監修/宝島社新書)、『できる社長は、「これ」しかやらない』(PHP研究所)など、著書多数。

（PHPビジネス新書 429）

株式投資で勝つための指標が1冊でわかる本

2021年9月30日　第1版第1刷発行

著　　者	小　宮　一　慶	
発　行　者	後　藤　淳　一	
発　行　所	株式会社PHP研究所	

東京本部　〒135-8137　江東区豊洲 5-6-52
　　　　　第二制作部　☎03-3520-9619(編集)
　　　　　普及部　　　☎03-3520-9630(販売)
京都本部　〒601-8411　京都市南区西九条北ノ内町11
PHP INTERFACE　　https://www.php.co.jp/

装　　幀	齋藤　稔(株式会社ジーラム)
組　　版	有限会社エヴリ・シンク
印　刷　所	株式会社光邦
製　本　所	東京美術紙工協業組合

© Kazuyoshi Komiya 2021 Printed in Japan　　ISBN978-4-569-85042-9

※本書の無断複製(コピー・スキャン・デジタル化等)は著作権法で認められた場合を除き、禁じられています。また、本書を代行業者等に依頼してスキャンやデジタル化することは、いかなる場合でも認められておりません。
※落丁・乱丁本の場合は弊社制作管理部(☎03-3520-9626)へご連絡下さい。送料弊社負担にてお取り替えいたします。

「ＰＨＰビジネス新書」発刊にあたって

わからないことがあったら「インターネット」で何でも一発で調べられる時代。本という形でビジネスの知識を提供することに何の意味があるのか……その一つの答えとして「**血の通った実務書**」というコンセプトを提案させていただくのが本シリーズです。

経営知識やスキルといった、誰が語っても同じに思えるものでも、ビジネス界の第一線で活躍する人の語る言葉には、独特の迫力があります。そんな、「**現場を知る人が本音で語る**」知識を、ビジネスのあらゆる分野においてご提供していきたいと思っております。

本シリーズのシンボルマークは、理屈よりも実用性を重んじた古代ローマ人のイメージです。彼らが残した知識のように、本書の内容が永きにわたって皆様のビジネスのお役に立ち続けることを願っております。

二〇〇六年四月

ＰＨＰ研究所

PHPビジネス新書

はじめてでもわかる財務諸表

危ない会社、未来ある会社の見分け方

小宮一慶 著

プロフェッショナルを目指すビジネスマンであれば、必ず身につけておきたい「財務諸表の読み方」を豊富な事例をもとに伝授。

定価 本体八六〇円（税別）

PHPビジネス新書

「ROEって何?」という人のための経営指標の教科書

小宮一慶 著

ROE、ROA、FCF、EBITDAマージン、EVA……日経新聞等でよく目にする「経営指標」の意味と使い方をわかりやすく解説!

定価 本体八七〇円(税別)

PHPビジネス新書

伸びる会社、沈む会社の見分け方

小宮一慶 著

社長がメモを取る会社は伸びる、「日本一」を連呼する会社は危ない……豊富なコンサルタント経験の中でつかんだ目利きポイントを伝授！

定価 本体八七〇円（税別）